Das Buch der Tagebücher

Ausgewählt von Rainer Wieland

DEN FREUNDEN DES HAUSES

ZUM JAHRESWECHSEL

Das Buch der Tagebücher

AUSGEWÄHLT VON RAINER WIELAND

PIPER MÜNCHEN ZÜRICH

Mehr über unsere Autoren und Bücher:
www.piper.de

ISBN 978-3-492-05438-6

Satz: Kösel, Krugzell
Druck und Bindung: FVA, Fulda
Printed in Germany

»Vielleicht wird man eines Tages
überhaupt nur Tagebücher schreiben,
da man alles andere unerträglich findet.«

Robert Musil

*Im Bummelzug gedacht, daß die Felder,
die ich dahinfliehen sah, die Baumreihen,
die Häuser, die Winkel, die Erinnerungen
an andere Zeiten, daß einfach alles dazu
gedient hätte, Erinnerung zu bilden,
Vergangenheit zu bilden. So banal die
Stunde auch sein und im Grunde
langweilen mochte, sie eines Tages
wiederzufinden wäre nicht mehr banal.*

Cesare Pavese, Tagebuch 1942

Vorwort

»Ob ein Küchenmädchen Tagebuch führt oder Leonardo, das ist natürlich ein qualitativer Unterschied«, erklärte Ernst Jünger anlässlich seines hundertsten Geburtstags. »Aber jedes Tagebuch wird nach hundert Jahren bedeutend.« Das Tagebuch hält den Augenblick fest, den besonderen wie den gewöhnlichen; beim späteren Wiederlesen, im Abstand der Jahre, verwandelt sich das scheinbar Banale unter der Hand ins Besondere. Und solange es Tagebücher gibt, wird auch die Neugier bestehen, Blicke in fremde Tagebücher zu werfen und zu blättern im Leben der anderen.

Die vorliegende Weihnachtsgabe des Jahres 2010 versammelt Tagebucheinträge aus über 500 Jahren, aufgeschrieben im Monat Dezember: Momentaufnahmen, Begegnungen, Reflexionen – gehoben aus dem Meer des Vergessens und im Tagebuch festgehalten für die Ewigkeit.

Allmählich neigt sich das Jahr dem Ende zu: Harry Graf Kessler geht in die Oper und begegnet dem berühmten Tänzer Nijinsky; Wilhelm von Humboldt trifft im Pariser Nationalinstitut auf Napoleon, und die Brüder Goncourt hängen an den Lippen Flauberts. Thomas Mann findet Gefallen an politischen Versammlungen. Andy Warhol kehrt von einer PR-Tour nach Hause zurück und Joschka Fischer kauft sich neue Turnschuhe. Im Gasthaus Geßwagner wird Thomas Bernhard Konduktsuppe serviert. Samuel Pepys hat, wie üblich, Ärger mit seiner Frau; Thea Sternheim lässt sich scheiden. Theodor W. Adorno träumt von einer eleganten Geliebten, Klaus Mann von Stefan George und Else Lasker-Schüler von Golgatha.

Im Elbeeinkaufszentrum betrachtet Peter Rühmkorf das vorweihnachtlich geschmückte Schaufenster des Sanitätshauses. In Nanking nimmt John Rabe mutig das Heft in die Hand und richtet für chinesische Flüchtlinge eine Schutzzone ein. Charles Darwin begibt sich an Bord der »Beagle« und probiert seine Hängematte aus. Goethe badet in der Ilm, und Sofia Tolstaja schreibt das Tagebuch ihres Gatten ins Reine. Richard Burton und Elizabeth Taylor brechen mit Kind und Kegel, mit Hund, Katze und Kanarienvogel in den Skiurlaub auf. H.D. Thoreau genießt die schlichte Schönheit des zugefrorenen Walden-Sees, während sich Airen ins Berliner Nachtleben stürzt.

Die Weihnachtstage lassen sich auf ganz verschiedene Weise verbringen: Im Hause Wagner wird große Bescherung im Beisein Friedrich Nietzsches gefeiert. Jochen Schmidt geht in die Kirche, während Einar Schleef sich den Segen *Urbi et Orbi* vor dem Fernseher holt. In Paris träumt eine einsame deutsche Zofe vom Anstecken der Christbäume im heimischen Darmstadt, in Prag wird Franz Kafka Zeuge der Beschneidung seines Neffen.

Zwischen den Jahren lauscht Katherine Mansfield der Stille der im Schnee versinkenden Straßen und Felder. Christopher Isherwood fasst einen guten Vorsatz und beschließt, mit dem Rauchen aufzuhören. In Walter Kempowski löst die Erkenntnis des dahinrasenden Lebens Heiterkeit aus. Nicht jedem dient die Zeit des Jahreswechsels zur Besinnung und inneren Einkehr. Max Beckmann arbeitet fleißig an zwei farbigen Apokalypsen, und Evelyn Waugh verschlägt es ins Bordell.

Was wird das neue Jahr bringen? Arno Schmidt liest die Zukunft in den Karten: Geldsumme im Anfang, etwas Ärger, zum Schluss unerhörtes Glück.

– Na schön, Glück, dann komm man!

Rainer Wieland, im Herbst 2010

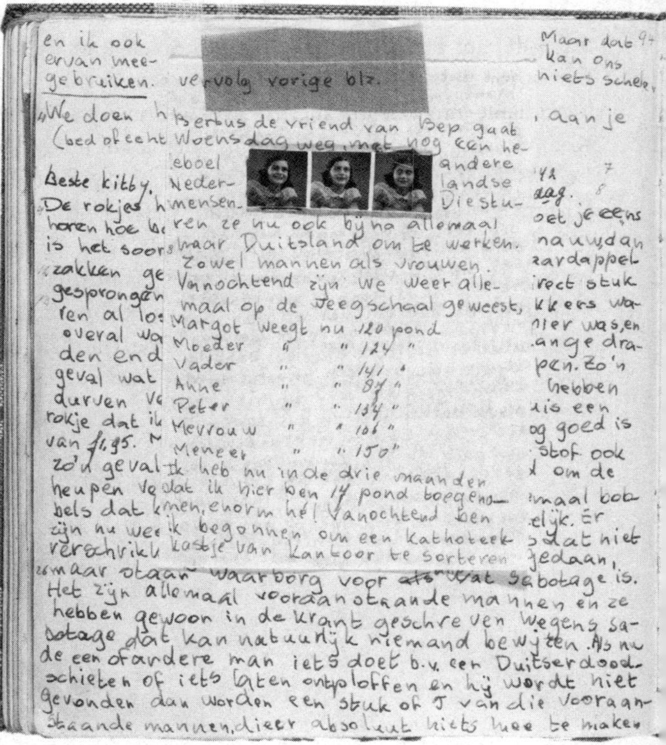

en ik ook
ervan mee-
gebruiken.

„We doen h
(bed of eent

Beste kitty,
De rokjes h
horen hoe le
is het soort
„zakken ge
gesprongen
ren al los
overal wa
den end
geval wat
durven ve
rokje dat ik
van f 1,95. M
zo'n geval
heupen ve
bels dat k
zijn nu wee
verschrikk

vervolg vorige blz.

Bertus de vriend van Bep gaat Woensdag weg met nog een heleboel andere Nederlandse mensen. Die sturen ze nu ook bijna allemaal naar Duitsland om te werken. Zowel mannen als vrouwen. Vanochtend zijn we weer allemaal op de weegschaal geweest,

Margot	weegt nu	120 pond
Moeder	"	" 124 "
Vader	"	" 141 "
Anne	"	" 87 "
Peter	"	" 134 "
Mevrouw	"	" 106 "
Meneer	"	" 150 "

Ik heb nu in de drie maanden dat ik hier ben 17 pond toegenomen, enorm hè! Vanochtend ben ik begonnen om een kathoteek kastje van kantoor te sorteren

Maar dat 94
kan ons
niets schele.
, aan je
'42 7
dag. 8
oet je eens
nauw dan
aardappel
irect stuk
kkers wa-
nier was, en
ange dra-
pen. Zo'n
hebben
uis een
og goed is
stof ook
d om de
maal bob
elijk. Er
s dat niet
gedaan,

„zomaar staan" waarborg voor ~~als~~ wat sabotage is. Het zijn allemaal vooraanstaande mannen en ze hebben gewoon in de krant geschreven wegens sabotage dat kan natuurlijk niemand bewijzen. Als nu de een of andere man iets doet b.v. een Duitser doodschieten of iets laten ontploffen en hij wordt niet gevonden dan worden een stuk of 5 van die vooraanstaande mannen, die er absoluut niets mee te maken

Dezember

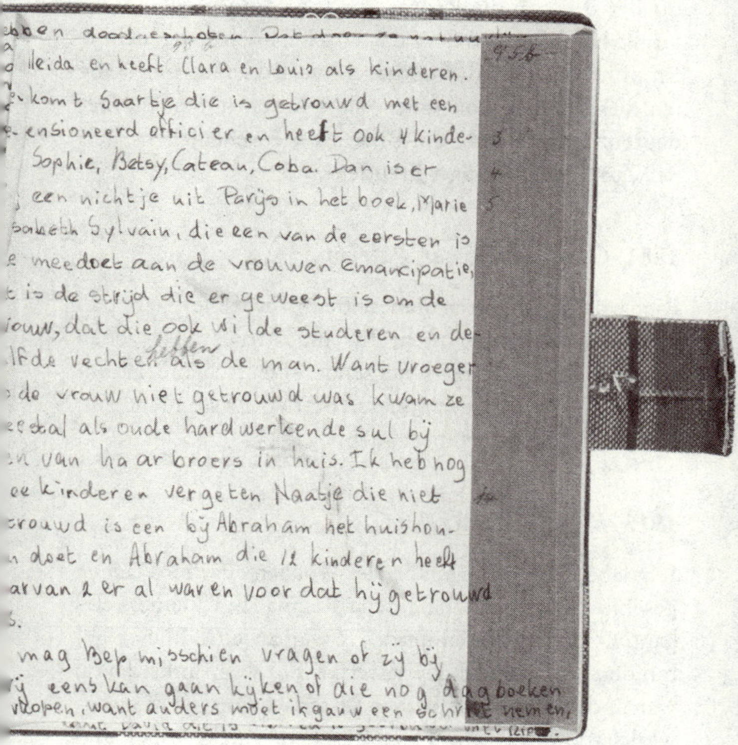

956

ebben doodgeschoten.
leida en heeft Clara en Louis als kinderen.
e komt Saartje die is getrouwd met een
ensioneerd officier en heeft ook 4 kinde- 3
Sophie, Betsy, Cateau, Coba. Dan is er 4
een nichtje uit Parijs in het boek, Marie 5
sabeth Sylvain, die een van de eersten is
e meedoet aan de vrouwen emancipatie,
t is de strijd die er geweest is om de
rouw, dat die ook wilde studeren en de-
lfde vechten als de man. Want vroeger
de vrouw niet getrouwd was kwam ze
eestal als oude hardwerkende sul bij
n van haar broers in huis. Ik heb nog
ee kinderen vergeten Naatje die niet
trouwd is een bij Abraham het huishou-
n doet en Abraham die 12 kinderen heeft
arvan 2 er al waren voor dat hij getrouwd
s.
mag Bep misschien vragen of zij bij
ij eens kan gaan kijken of die nog dagboeken
verkopen, want anders moet ik gauw een schrift nemen,

Anne Franks Tagebuch 1942

1. Dezember

1828 *Giacomo Leopardi, Recanati*

Auf meinen einsamen Gängen durch die Städte weckt oft der Blick in die Räume, die ich von unten, von der Straße herauf, durch die Fenster sehe, höchst angenehme Empfindungen und wunderschöne Bilder in mir. Sähe ich diese Räume von innen, sie würden mir nichts bedeuten. Ist dies nicht ein Bild des Menschenlebens, seiner Zustände, Vorzüge, Freuden?

1881 *Cosima Wagner, Palermo*

Richard hat gut geschlafen … Beim Kaffee lese ich, daß einige 20 Millionen mehr für die Armee ausgegeben werden, Richard sagt scherzend: »Deutschland ist ein bis an die Zähne gewappneter Bettler. Es ist nicht gut, uns auf der Straße zu begegnen.«

1913 *Robert Musil, Rom*

Ich habe hier vor ungefähr vier Wochen ein Pferd lachen gesehn. Es war am Viale della Regina. Ein kleines, elegantes, junges Wagenpferd. Es war an eine Mauer gebunden (auf dem ungepflasterten Fußweg, links davon war in der Häuserlücke eine Osteria oder eine Wagnerwerkstatt, etwas mit Hof, Büschen, Zuckerrohr) und wurde von einem Stallknecht gestriegelt. An der Innenseite der Schenkel war seine empfindliche Stelle. Je näher der Mann kam, desto weiter legte es die Ohren zurück, wurde unruhig, versuchte mit dem Maul hinzufahren, was der Mann mit dem Körper hinderte, und trat von einem Fuß auf den andern. Wenn der Mann ganz an der Stelle war, hielt es das Pferd nicht mehr aus, suchte sich zu drehen, ihn abzudrängen. Und weil der Mann stärker war und es nicht von der Stelle ließ, mußte es stillhalten aber zitterte am ganzen Körper und entblößte die Zähne. Genau so wie ein Mensch, den man so kitzelt, daß er nicht mehr lachen kann.

1937 *Cesare Pavese, Turin*

Mein Glück wäre vollkommen, gäbe es nicht die unstete Angst, sein Geheimnis ergründen zu wollen, um es morgen und immerdar wiederzufinden. Doch vielleicht bringe ich es durcheinander: mein Glück liegt in dieser Angst. Und noch einmal kehrt die Hoffnung zu mir zurück, daß morgen vielleicht die Erinnerung genügen wird.

1942 *Werner Kraft, Jerusalem*

Sie [Else Lasker-Schüler] sagt: Ist es nicht eine Sünde, Fleisch zu essen? Ich sage, wenn man nicht Fleisch esse, habe man das Recht, denen, die Fleisch essen, ihre Sünde vorzuwerfen, esse man aber Fleisch, so habe dies keinen Sinn. Sie sagt, sie habe immer solchen Hunger und müsse achtmal am Tag an Kalbsbraten denken.

2. Dezember

1942 *Bertolt Brecht, Santa Monica/Kalifornien*

eine große entdeckung: die notwendigkeit, hier vitamine zu kaufen, in pillenform. ich konnte schon deutlich merken, wie schlecht mein gehirn funktionierte, wie schnell ich müde wurde, wie niedrig die lebensgeister waren usw. fünf tage vitaminzufuhr, und ich war in ordnung. welch schlagender beweis für die soziale herkunft der proletarischen »unzulänglichkeit im denken«!

1964 *Heimito von Doderer, Wien*

Die Abwässer der literarischen Industrie verseuchen die Sprache. Ich selbst bin einer der letzten lebenden Flußkrebse, die in ihrer Not gegen den Strom wandern, den Quellen zu.

3. Dezember

1856 *Henry David Thoreau, Concord*

Den ganzen Tag über hat es gesprüht und geregnet, und das Umhergehen auf dem schlammigen Boden zwingt uns alle, zum Schuhmacher zu gehen. Ich erstand ein Paar Rindslederstiefel, um für die Winterspaziergänge gerüstet zu sein. Der Schuster lobte sie, weil sie schon vor einem Jahr angefertigt wurden. Ich komme mir jetzt vor wie ein gewappneter Mann, denn wer Stiefel erworben hat, fühlt sich wie ein Mensch, der sein Winterholz unter Dach und Fach gebracht hat. Da stehen sie bei mir in der Kammer, erwartungsvoll, und träumen von fernen Wäldern und Waldpfaden, von frostharten oder aufgeweichten Straßen, von angeschnallten Schlittschuhriemen und vereistem Harsch, der in ihre Ritzen dringt.

1954 *Albert Camus, Rom*

Es ist eine eigenartige und unerträgliche Gewißheit, zu wissen, daß die monumentale Schönheit immer eine Knechtschaft voraussetzt, daß sie dennoch die Schönheit ist und daß man die Schönheit nicht nicht wollen kann, während man die Knechtschaft nicht wollen kann; die Knechtschaft ist deswegen nicht weniger unannehmbar. Vielleicht stelle ich aus diesem Grund die Schönheit einer Landschaft über alles, sie wird mit keinerlei Ungerechtigkeit bezahlt, und mein Herz fühlt sich frei.

1961 *Susan Sontag, Paris*

Als Schriftsteller muß man vier Personen sein:

1) der Verrückte, Besessene
2) der Schwachsinnige
3) der Stilist
4) der Kritiker

1 sorgt für das Material, 2 läßt es heraus, 3 ist der Geschmack, 4 die Intelligenz.

Ein großer Schriftsteller, hat alle vier in sich – aber man kann auch ein großer Schriftsteller sein, wenn man nur 1 und 2 hat, sie sind am wichtigsten.

1971 *Richard Burton, Paris*

(Auf dem Ball der Rothschilds.) Ich saß herum und wartete darauf, daß meine Damen fertig wurden – darunter die Herzogin von Windsor und die Fürstin von Monaco und natürlich meine eigene »Dame«. Grace [Kelly] war 10 Minuten vor der Zeit fertig und kam auf einen Drink in unser Zimmer. Elizabeth [Taylor] wäre auch pünktlich gewesen, aber es dauerte endlos, bis Alexandre eintraf, der Friseur, und noch länger, bis er M.-H. [Marie-Hélène Rothschild] frisiert hatte. Uns war mitgeteilt worden, wir hätten uns Punkt 21.10 unten einzufinden und um 21.30 die Plätze zum Abendessen einzunehmen. Wir gingen um 22.30 hinunter und setzten uns um 23.00 zum Essen. Ich brauchte 15 Minuten, bis ich von der Tür aus meinen Tisch erreichte – ich habe auf die Uhr geschaut –, und nachdem ich auf zahllose Schleppen getreten war, mehrere teure Frisuren in Unordnung gebracht hatte und buchstäblich über ein halbes Dutzend Leute hinweggeklettert war, fand ich mich am Tisch Nr. 11 wieder, mit Madame de Montesquieu zu meiner Linken und der ehemaligen Mme. Louis Malle zu meiner Rechten, die ich Gott sei Dank beide kannte …

Meine Aufmerksamkeit galt jedoch von Anfang an einem Mann, der mir gegenübersaß. Wenn er sich nicht bewegte, sah er wie ein Kadaver aus, und wenn er sich rührte, was er selten tat, wirkte er wie das völlig mißglückte Werk eines Gesichtschirurgen. Er hatte weder Augenbrauen noch Lider und hatte eine schauerliche Perücke auf – das Haar kann auch gefärbt gewesen sein –, die vorn schneeweiß war, oben auf dem Kopf auch, und hinten so unauffällig braun wie mein Haar. Sein Gesicht war gräßlich mit Make-up verklebt und war seltsam verquollen, ein Gesicht, wie es ein unbegabtes Kind aus Knete modelliert. Ich hatte Mme. Malle eben eine Frage ins Ohr geflüstert, was das für ein komischer Vogel sei, als er sich vorbeugte und sagte: »Wo ist meine Elizabeth?« – »Ah«, sagte ich, »also, sie ist, äh, da drüben auf der anderen Seite des Raums, äh, da sitzt sie, äh und äh, ißt, an dem Tisch, der, äh, parallel zu unserem steht, äh, aber auf der anderen Seite, äh, wenn Sie verstehen, was ich meine.« – »Wenn sie doch bloß hier wäre«, sagte er, mit einem Unterton, der deutlich machte, daß ihm ihre Gesellschaft bedeutend lieber gewesen wäre als die meine. »Stellen Sie sich vor, ich hätte sie auch gern hier«, sagte ich in einem Tempo, das dem Rev. Sydney Smith alle Ehre gemacht hätte... Nach der seltsamen Frage von Andy Warhol, denn das war der Herr aus dem Horrorfilm, stürzten wir uns alle in die Schlacht ums Essen.

4. Dezember

1831 *Charles Darwin, an Bord der »Beagle«*

Ich schreibe heute zum ersten Male an Bord. Es ist jetzt ein Uhr, und ich werde mich gleich in meine Hängematte begeben. Als ich dies gestern abend unternahm, hatte ich die lächerlichsten Schwierigkeiten, hineinzugelangen: Als Reiter beging ich den Fehler und versuchte zuerst, die Beine hineinzusetzen. Da die Hängematte ja frei schwebt, stieß ich sie auf diese Weise nur fort, ohne daß ich meinen Körper weiter hineinbugsieren konnte. Die richtige Methode ist, wenn man sich genau in die Mitte setzt. Dann gibt man seinem Körper eine gekonnte Drehung, und Kopf und Füße gelangen so an die für sie vorgesehenen Stellen.

1888 *Hildegard von Spitzemberg, Friedrichsruh*

Der arme Fürst [Bismarck] war sehr matt und leidend und dementsprechend pessimistisch aufgelegt. An seine Hunde anknüpfend sprach er davon, wie bescheiden und demütig es einen stimme, wenn man sehe, wie viele Zehn- und Hunderttausende von künstlich bereiteten Leben die Natur täglich hervorbringe, um sie täglich wieder zu vernichten, wenn es ihr beliebe. »Nicht bitter darf uns das stimmen, nur bescheiden. ›Ich bin der Zeiten ohnmächtiger Sohn‹, sagt Chamisso, nicht wir machen, was wir machen, wir werden geschoben, sind Werkzeuge.« – Als vor Jahren Flora krepierte, die graue Hündin, war die Fürstin untröstlich und sagte, sie hoffte dem treuen Tier im Himmel zu begegnen, sie könne sich nicht denken, daß für die stumme Kreatur mit dem Tode alles aus sei: »Warum soll das nicht sein können?« erwiderte der Fürst, »ich hoffe zuversichtlich im Himmel Hunden und Pferden zu begegnen.«

1979 *Andy Warhol, New York*

Ich war drei Wochen mit Bob und Fred auf PR-Tour für mein Buch *Exposures*, und jetzt bin ich todmüde. Unser Trip begann so schick in Präsident Carters Loge im

»Kennedy Center« von Washington und endete plebejisch am Hollywood Boulevard – in »B. Dalton's Bookstore«, dem früheren »Pickwick Books«. Während ich dort signierte, kam eine Frau mit einer Stichwunde im Bauch herein und schrie: »Das ist nicht Andy Warhol! Ich habe mit Andy Warhol geschlafen. Er ist 2,30 m groß und paßt nicht durch die Tür. Er würde sich nie in so eine Buchhandlung stellen, dazu ist er zu paranoid!« Und damit könnte sie sogar recht haben.

1989 *Thomas Rosenlöcher, Dresden*

Der Umfang der Funktionärswälder überrascht auch mich. Seltsam, daß ausgerechnet das Politbüro so gewaltige Jäger hatte.

Auch Göring soll ein großer Jäger gewesen sein.

Als kleiner Junge habe ich einmal mit dem Luftgewehr einen Spatzen aus der Dachrinne geschossen. Das glückhafte Erschrecken, als er wirklich herabfiel. Aber dann mußte ich den Vogel begraben. Der Jäger hingegen setzt seinen Triumph fort durch Zählung, Trophäe und Verzehr.

Die Tattergreise mit der Flinte. Staatsjägerei als Transformierung der Macht ins Sinnliche. Gerade im Töten vollzieht sich der eigentliche Zweck der Macht: Sich anderes Leben anzueignen, um sich somit die eigene Potenz und Auserwähltheit selbst zu bestätigen und dem ohnehin in jedem Menschen vorhandenen Gefühl letztendlicher Unsterblichkeit immer neue Nahrung zu geben. Das Politbüro auf der Pirsch: Eine sublimierte Form von Funktionärskannibalismus. Was für ein Anblick für einen Hirsch, wenn ausgerechnet im Moment seines Todes das bleiche und starrbebrillte Antlitz unseres Staatsratsvorsitzenden hinter den Büschen auftauchte.

5. Dezember

1932 *Julien Green, Paris*

Gestern abend bei Wind und Regen auf dem Montmartre umhergestreunt. Welch unendliche Trostlosigkeit strahlen der Boulevard de Clichy und die Menge aus, die nicht weiß, wie sie sich amüsieren soll! Was für ein Glück wäre es für sie, wenn man die Sklaverei wieder einführte! Sie wäre der beklemmenden Sorge um die freie Zeit enthoben.

1933 *André Gide, Lausanne*

»Es ist übrigens ganz einfach«, sagte diese hervorragende Dame bei dem hervorragenden Essen gestern... »Es ist übrigens ganz einfach: Wenn ich kein Hauspersonal mehr hätte, könnte ich nicht mehr für die Armen stricken.«

1949 *Cesare Pavese, Turin*

Im Grunde ist die Lust beim Vögeln nicht größer als die beim Essen. Wäre das Essen behindert wie das andere, es wäre eine ganze Ideologie entstanden, eine *Leidenschaft* des Essens mit ritterlichen Regeln. Diese Ekstase, von der sie reden – das *Sehen,* das Träumen, wenn du vögelst –, ist nichts, nicht mehr als die Lust, in eine Mispel oder eine Weintraube hineinzubeißen. Man kann ohne auskommen.

6. Dezember

1778 *Johann Wolfgang Goethe, Weimar*

Früh in der Ilm gebadt. Mit Wedeln im Jägerhaus zu den Hühnern und Phasanen. Geritten mit ihm nach Tiefurt. Knebel badte. Las sein Tagebuch von vorm Jahr. Der Herzog kam. Mittags zu Hause gessen dann zu Wieland, ins Conzert. Zu ☉ [Frau v. Stein]. War ihre Mutter da.

1813 *Lord Byron, London*

Dieses Tagebuch ist ein Trost. Wenn ich müde bin – was ich im allgemeinen bin – kommt es heraus und dies alles hinein. Aber ich kann es nicht wieder durchlesen; – und Gott weiß, welche Widersprüche es enthalten mag. Wenn ich ehrlich mit mir selbst bin (aber ich fürchte, man belügt sich selber mehr als alle anderen), müßte jede Seite ihre vorausgegangene widerlegen, entkräften und ganz und gar abschwören.

1862 *Edmond und Jules de Goncourt, Paris*

Über die Liebe, von der er häufig spricht, hat Flaubert allerlei spitzfindige, raffinierte Thesen. Thesen, die so geziert wie geckenhaft sind. Im Grunde hat dieser Mensch etwas von einem Schönredner und Sophisten. Seine Obszönitäten sind grob und gesucht zugleich. Innerhalb der Erregung, die er den Frauen verdankt, stellt er tausend Unterabteilungen auf, indem er von der einen behauptet, sie löse in ihm nur das Verlangen aus, ihr die Augenbrauen zu küssen, bei einer anderen sei es die Hand, bei wieder einer anderen der Wunsch, ihr das Haar glattzustreichen. Er macht aus diesen einfachen Dingen etwas Gesuchtes und Kompliziertes, macht sich stark für ihre Inszenierung und Anordnung, – zum Beispiel erzählt er uns von seiner Vögelei mit der Colet, die sich abzeichnete, als er sie in der Droschke nach Hause geleitete; er schilderte sich als denjenigen, der ihr gegenüber die Rolle des Lebensüberdrüssigen einnahm, des Umdüsterten, der sich nach dem Tode sehnt, eine Rolle, die zu spielen ihn derart amüsierte und die ihn innerlich so belustigte, daß er von Zeit zu Zeit die Nase aus dem Wagenschlag hielt, um nach Herzenslust lachen zu können.

1976 *Andy Warhol, New York*

Verließ früh das Büro, ging nach Hause und warf mich in Schale für einen offiziellen Anlaß. Setzte Catherine ab (Taxi $ 4.00), ging zu Fuß zu Halston. Wir wollten zur Eröffnung von Diana Vreelands »Rußland«-Ausstellung im Metropolitan Museum… Die Ausstellung war das Größte, was das Metropolitan je hatte. Als Diana durchging, küßten wir sie alle. Ich unterhielt mich mit Mrs. [Henry J.] Kaiser und lernte sie kennen. Sie ist um die 60, sieht aber aus wie 40, und sagt, sie sucht einen Fick. Ich sagte ihr, sie ist in der falschen Stadt, lauter Schwule, doch sie meinte: »Macht nichts, die Leute lernen schnell um. Und ich hatte auch schon Glück.«

Ich ging gleich nach dem Dinner; Mrs. Kaiser setzte mich ab.

Ach ja – beim Essen zog Bianca [Jagger] ihren Slip aus und reichte ihn mir. Ich tat so, als ob ich an ihm schnupperte, und verstaute ihn in meiner Brusttasche. Ich habe ihn noch.

7. Dezember

1813 *Lord Byron, London*

Ging zu Bett und schlief traumlos, doch nicht erquickend. Erwachte, und eine Stunde vor dem Wecken aufgestanden; trödelte aber drei Stunden beim Anziehen. Wenn man vom Leben die Kindheit abzieht (die Vegetieren ist), – Schlafen, Essen und Saufen – Zuknöpfen und Aufknöpfen – wieviel bleibt da noch vom eigentlichen Leben? Der Sommer einer Haselmaus.

1999 *Helmut Krausser, München*

Stevie Wonder wird laut eigener Aussage bald wieder sehen können. Ein Mikrochip für die Netzhaut machts möglich. Gott, sind wir gott.

1811 *Joseph von Eichendorff, Wien*

Ging ich nachmittags gleich von den Egerschen zu Schlegels, die eben vom Tisch aufgestanden. Schreckliche Geschichte von Kleist, der sich u. eine Frau erschossen. Schlegels große Gesinnung über dieses Unsittliche u. über das Ehrenvolle der Preußen, wenn sie mit Rußland halten. Café getrunken. Der angenehme junge Schlegel. Schlegel von Wein rot, nickt u. ich gehe fort.

1886 *Sofja Tolstaja, Jasnaja Poljana*

Schreibe fortwährend Ljowotschkas Tagebücher ab. Warum habe ich sie nicht früher abgeschrieben oder gelesen? Sie liegen doch schon lange in meiner Kommode. Ich glaube, daran hinderte mich jenes Grauen, das mich als Braut bei der Lektüre von Ljowotschkas Tagebüchern ergriff, jener stechende Schmerz der Eifersucht, das fassungslose Entsetzen über die Lasterhaftigkeit der Männer, das mich nie verlassen hat. Möge Gott alle jungen Seelen vor solchen Wunden bewahren, sie schließen sich nie mehr.

1937 *John Rabe, Nanking*

Vor etwa zwei Jahren begrüßte mich Dr. Trautmann auf einer *Tea Party* in Peitaiho mit den Worten: »Ach, da kommt ja der Bürgermeister von Nanking!« Ich habe ihm diesen Scherz – ich war damals stellvertretender

Ortsgruppenleiter – seiner Zeit etwas übel genommen. Und jetzt ist dieser Scherz quasi in Erfüllung gegangen. Natürlich kann ein Europäer unter normalen Umständen nicht Bürgermeister einer chinesischen Stadt werden. Nachdem aber der Bürgermeister Ma, mit dem wir in der letzten Zeit dauernd zusammengearbeitet haben, Nanking gestern verlassen hat und das Komitee sich mit seinem Einverständnis nun mit allen administrativen Fragen und Arbeiten der Munizipalität in unserer Flüchtlingszone befassen muß, bin ich also tatsächlich so etwas wie ein *Acting Mayor* geworden. Rabe, mir geht der Hut hoch!

Von allen Seiten strömen Tausende von Flüchtlingen in unsere sogenannte Sicherheitszone, deren Straßen jetzt belebter sind als je in Friedenszeiten. Es ist zum Weinen, wenn man sieht, wie die Allerärmsten auf den Straßen umherirren.

Einige Familien, die noch keine Unterkunft fanden, haben sich beim Dunkelwerden trotz der Kälte in Winkeln und Ecken der Häuser, andere auf offener Straße zum Schlafen ausgestreckt. Wir arbeiten fieberhaft an der Weiterentwicklung der Zone.

1989 *Peter Rühmkorf, Hamburg*

Ganz frühes Morgengold. Später Grausilber und um 13.30 stumpfes Blei, Nachschwelende Postalien, obwohl gerade noch rechtzeitig mit Löschwasser begossen. – Im Elbeeinkaufszentrum alle Geschäfte bereits weihnachtlich beseelt und auf Nächstenliebe hin ausgelegt: »Geschenke aus dem Sanitätshaus«. Im Schaufenster dann die Bescherung: Gummistrümpfe, Gesundheitslatschen, Waagen, Prickelschuhe, Blutdruckmesser, Schnürwesten.

Bis zur Boshaftigkeit vergiftet – viel unangebrachter Menschenhaß aufgrund jahrzehntelanger bodenloser Unausgeschlafenheit. Aufgelaufene Bücher signiert und mit lustigen Sprüchen versehen – dann noch stundenlang Flüche hinterher. Bei den Weihnachtsempfehlungen der *Zeit* wieder mal kein einziges meiner drei neuen Bücher erwähnt, dafür mehrmalige Nennungen von Handke und Strauß, was ja ein Rücklicht nicht bloß auf die Favoriten, sondern auch auf die Favoritenmacher wirft. Eine vorprogrammierte Lostrommel, bei der man sich hausintern über die Glückspilze alla stagione einigt. Auch Riesen-Lyrikreport von Hage, alles Blümchenkaffee: Strauß, Handke, Ulla Hahn …

Wer, außer mir, kann denn schon ein Gedicht von 9 Seiten Länge vorlegen, ohne daß es langweilt?

9. Dezember

1903 *Max Beckmann, Paris*

Ta tatam, ta ta ta ta ta tatam, ta tam, und so weiter, Festmarsch aus den *Meistersingern,* Müdigkeit, Kaffee und Regen draußen, meine zukünftige Reise, alles das geht mir mit seinen Eindrücken mit einer bleiernen Schwere und Langsamkeit im Kopf herum. Keine Freude mehr auf sie. Wenig Lust zum Arbeiten und kraftlos im Inneren. Das sind natürlich nur Folgen würde ein braver und gesunder Mann sagen. Meinetwegen. Mag er recht haben.

Nur eins ist noch nicht erloschen in mir.

Meine Sinnlichkeit, sie zuckt immer wieder auf. Ich glaube man könnte sie wie einen Aal in Stücke hauen, sie würde in jedem Stücke mit verdoppelter Stärke weiterleben.

Wie schön wäre das, wenn ich die los wäre. Ich meine die gemeine Sinnlichkeit.

Wie schön könnte ich leben. Und wenn mein Leben ein Leben ohne Handlung, meinetwegen.

Draußen vorm Kaffee trabst langsam ein verdeckter Leichenwagen mit Inhalt. Fahr wohl. Du hast den Stumpfsinn hinter dir. Es regnet, und regnet und meine Seele regnet auch, aber keine befruchtenden Thränen.

1921 *Bertolt Brecht, Berlin*

Immer wieder bricht es aus: die Anarchie in der Brust, der Krampf. Der Ekel und die Verzweiflung. Das ist die Kälte, die man in seinem Herzen findet. Man lacht, man verachtet das, aber es sitzt im Lachen selbst, und es nährt die Verachtung.

1940 *Christopher Isherwood, Los Angeles*

Chuck Reisner hat bei den meisten frühen Chaplin-Filmen mitgearbeitet. Er hat mir alles über Chaplins katastrophale Ehe mit Lita Grey erzählt. Ihm zufolge sollen die Greys gezielt darangegangen sein, Chaplin zu angeln. Sie arrangierten, daß Charlie und Lita, eine sehr talentierte jugendliche Hure, einen regnerischen Tag allein miteinander verbrachten. Charlie, willensstärker als sonst, hielt bis zum Abend durch. »Er zeigte ihr seine Fotos und seine Bücher und spielte für sie auf der Orgel, dann spielten sie Karten und Domino und Dame, um sechs war nichts anderes mehr zu tun – da vögelte er sie.« Sofort tauchte Litas Mutter mit ihren Anwälten auf, und Charlie saß in der Falle. Lita war so jung, daß sie in Mexiko heiraten mußten. Als die ältere Mrs. Grey an die Grenze kam (sie reiste nicht mit den anderen), war dort eine Cholera-Epidemie, weshalb die mexikanischen Behörden auf besonderen Schutzmaßnahmen bestanden. Sie nahmen Mrs. Grey, eine eindrucksvolle Dame in Festgarderobe, und packten sie in eine Kiste mitten auf der Straße in Tijuana, neben den Hühnern und Ziegen. Dann verbrannten sie Kräuter unter ihr, um sie zu desinfizieren. So wurde der arme Charlie indirekt gerächt.

1945 *Cesare Pavese, Turin*

Aber alle Verrückten, Verfluchten, Verbrecher sind Kinder gewesen, haben gespielt wie du, haben geglaubt, daß etwas Schönes sie erwarte. Als wir drei, sieben Jahre alt waren, alle, als *nichts* geschehen war oder nur in den Nerven und im Herzen schlummerte.

1961 *Susan Sontag, Paris*

Die Angst vor dem Altwerden erwächst aus der Erkenntnis, daß man momentan nicht das Leben lebt, das man gerne leben möchte. Sie entspricht dem Gefühl, die Gegenwart zu mißbrauchen.

1989 *Thomas Rosenlöcher, Dresden*

Jetzt steht das Gerüst fast schon ein Jahr vor unserem Fenster. Ob der Dachdecker auch schon im Westen ist? Vielleicht werden Gerüst und Haus sich noch ein wenig gegenseitig halten, ehe sie endgültig zusammenfallen.

10. Dezember

1860 *Edmond und Jules de Goncourt, Paris*

Flaubert erzählte uns, wie er gelitten habe während er die Vergiftung von Madame Bovary beschrieb: es war, als läge ihm eine Kupferplatte im Magen, ein quälendes Gefühl, so daß er sich zweimal übergeben mußte; er erwähnte noch, als gehöre es zu seinen angenehmsten Eindrücken, wie er einmal, als er am Ende des Romans arbeitete, gezwungen war, aufzustehen und ein Taschentuch zu holen, das er völlig durchnäßte! ... Und all dies um irgendwelche Bürger zu unterhalten!

1881 *Cosima Wagner, Palermo*

Richard hatte eine gute Nacht ... Abends ereifert er sich wieder, und zwar bei Gelegenheit des Theaterbrandes in Wien, nach welchem er gefragt wurde. Das nichtsnutzigste Volk säße in einem solchen Operntheater; wenn in einer Kohlengrube arme Arbeiter verschüttet würden, das ergriffe und empöre ihn, aber solch ein Fall berühre ihn kaum.

1918 *Thomas Mann, München*

Zum Thee mit Katia in die Arcisstraße, von dort später mit K.'s Mutter in den Bayrischen Hof zur Versammlung des »Rats«. Franks Rede nicht ohne Anmut, aber sybaritisch und grübchenhaft. Die Diskussion grauenhaft, qualvoll wie immer; der beste war ein kleiner wegwerfend gescheiter jüdischer Student mit dem Band des E. K. [Eisernen Kreuz] Es redeten auch Friedenthal, Michalski, Skanzony, Kaufmann, ein rheinischer Jüngling aus ungeistiger Sphäre, der die Offiziere verteidigte, der Hanswurst Stückgold, ein Gespenst von einem bösen Kandidaten, der mit allen Vorrednern in ein unerbittliches Gericht ging u.s.w. Die Luft fürchterlich. Das Benehmen der Versammlung turbulent, kindisch und verroht. Die Leitung unfähig. Das Ergebnis minus. Aber Menschentypen lernt man kennen, bei keiner Gelegenheit präsentieren sie sich plastischer, denn als Diskussionsredner. Ich muß unbedingt die Leidenschaft der Zeit benutzen und öfter Versammlungen besuchen.

1942 *Jochen Klepper, Berlin (Letzter Eintrag)*

Nachmittags die Verhandlung auf dem Sicherheitsdienst.
Wir sterben nun – ach, auch das steht bei Gott. –
Wir gehen heute nacht gemeinsam in den Tod.

Über uns steht in den letzten Stunden das Bild des Segnenden Christus, der um uns ringt.

In dessen Anblick endet unser Leben.

11. Dezember

1936 *Liane de Pougy, Le Havre*

Edward VIII. hat abgedankt. Er gibt seine Krone hin für die Liebe einer Frau. Er hat sich nicht gebeugt: Das ist königlich. Er hat alles verlassen für die Frau, die er liebt: Was für ein wunderbarer, mutiger Liebhaber. Diese Geschichte, in groß, gleicht der meinen. Ich war etwas jünger als Mrs. Simpson bei meiner Heirat mit G. Ghika, der viele Jahre jünger war als ich, aber sehr ernst, sehr ernst im Leeren, und nicht oft lachte.

1937 *Cesare Pavese, Turin*

Daß die Keuschheit einen – sei es auch nur vermuteten – sexuellen Reiz ausübe, ist nicht wahr, denn dann müßten die Frauen recht gierig sein nach jungen Mönchlein und Priestern, denen gerade der erste Flaum sprießt und von denen man annimmt, daß sie die Regel ernst nehmen. Statt dessen sind sie gierig nach ältlichen Schweinen – erfahrenen Männern – mit Geheimratsecken und bösen Absichten.

Und du selbst, hast du je von Nonnen geträumt?

1985 *Joschka Fischer, Frankfurt/Main*

Mittagessen mit [Holger] Börner, [Paul Leo] Giani und [Karl] Kerschgens. Börner drückt mir die getippte Eidesformel für die Ernennung in die Hand, ein wahrhaft zungenbrecherisches Satzgebilde, was die hessischen Verfassungsväter und -mütter da verfaßt haben. Ich beschließe, mir dieses eckige Ding einzuprägen. Börner erzählt mir in diesem Zusammenhang die launige Geschichte, wie ihn ein Landtagspräsident einmal reingelegt hatte. Der Mann verlangte trocken von ihm: »Sprechen Sie mir nach!« und las dann die ganze ewig lange Eidesformel ohne Unterbrechung vor. Ich fürchte morgen vor allem vorhersehbare Peinlichkeiten bei der Zeremonie. Ich hasse die erzwungene Form wie Pest und Cholera zusammen.

Es bleibt mir an diesem Nachmittag angesichts der öffentlichen Debatte um die Kleiderordnung des ersten grünen Ministers noch das wichtigste Problem zu lösen: Turnschuhe müssen her, denn meine alten sind hinüber. Gesagt, gekauft. Mit prächtigem Weiß beschuht werde ich also morgen den Eid ableisten im Landtag zu Wiesbaden und dann: Nie wieder Turnschuhe!

1763 *James Boswell, Utrecht*

Bleib bei der Stange. Gib dich nicht mit Kleinigkeiten ab wie eine alte Frau. Gehe pünktlich um Mitternacht ins Bett. Säubere dir die Zähne mit hölzernen Zahnstochern.

1888 *Leo Tolstoi, Moskau*

Ja, hätte gestern beinahe noch einen Streit mit meiner Frau darüber begonnen, warum ich meine Kinder nicht unterrichte. Ich dachte in diesem Augenblick nicht daran, daß es gut ist, erniedrigt zu werden. Ja, es gibt ein Gewissen. Die Menschen leben entweder auf einer Stufe über ihrem Gewissen oder auf einer Stufe darunter. Das erste ist für den Betreffenden qualvoll, das zweite widerwärtig. Besser ist, nach den Forderungen eines emporstrebenden Gewissens zu leben und diesem stets ein wenig voraus zu sein, so daß es immer wieder aufholt, was ihm vorweggenommen wurde. Ich lebe auf einer Stufe über meinem Gewissen, aber es kommt nicht nach: auch in dem Punkte, daß ich leicht gekränkt und immer empfindlich und eitel bin, daß ich keine Lust verspüre, bis zu meinem Tode nichts mehr zu veröffentlichen.

1894 *Arthur Schnitzler, Wien*

Nach Souper bei Dilly [Adele Sandrock], die sehr sentimental war. Zeigte mir ein lebensgroßes Portrait von mir, das sie nach einer Photographie durch Schamberg hat malen lassen, auf dem ich einen fuchsrothen Bart habe und das, wie zart, von Rosen, von gemalten, umrandet. Ich verbat mir das Aufgehängtwerden dringend.

1913 *Franz Kafka, Prag*

Im Spiegel sah ich mich vorhin genau an und kam mir im Gesicht – allerdings nur bei Abendbeleuchtung und der Lichtquelle hinter mir, so daß eigentlich nur der Flaum an den Rändern der Ohren beleuchtet war – auch bei genauerer Untersuchung besser vor, als ich nach eigener Kenntnis bin. Ein klares übersichtlich gebildetes, fast schön begrenztes Gesicht. Das Schwarz der Haare, der Brauen und der Augenhöhlen dringt wie Leben aus der übrigen abwartenden Masse. Der Blick ist gar nicht verwüstet, davon ist keine Spur, er ist aber auch nicht kindlich, eher unglaublicherweise energisch, aber vielleicht war er nur beobachtend, da ich mich eben beobachtete und mir Angst machen wollte.

1937 *John Rabe, Nanking*

Im Süden steht der ganze Himmel in Flammen. Die beiden Unterstände im Garten sind schon bis zum Rand mit Flüchtlingen gefüllt. Es pocht an beiden Haustoren. Frauen und Kinder bitten flehentlich um Einlaß. Einige beherzte Männer steigen hinter der Deutschen Schule über die Gartenmauer, um Einlaß und Schutz auf meinem Grundstück zu finden.

Da ich das Jammern nicht mehr mit anhören kann, öffne ich beide Tore und lasse alles hinein, was hinein will. Da in den Unterständen kein Platz mehr ist, verteile ich die Leute zwischen den Gebäuden und in den Ecken der Häuser. Die meisten haben ihr Bettzeug mitgebracht und legen sich im Freien schlafen. Einige ganz Schlaue breiten ihre Betten unter der horizontalen großen deutschen Fahne aus, die wegen der Fliegergefahr angebracht wurde. Dieser Platz galt als besonders »bombensicher«!

1944 *Bertolt Brecht, Santa Monica/Kalifornien*

eislers, kortner, henrieds, thörens, kaus. es wird über die stellung der emigrierten französischen künstler zu de gaulle und vichy gesprochen. von rené clair und renoir wird gesagt, sie seien antisemiten. eisler: »keine antisemiten, sie können nur die juden nicht leiden.« diese unglücklichen intellektuellen! sind sie gefährlich? sie sind es, wie zigarren, die man in die suppe schneidet.

13. Dezember

1870 *Cosima Wagner, Tribschen/Schweiz*

Abends ist Richard sehr matt; er klagt, daß ihm das Überlegen der Arbeit so viel Zeit raubt. Ich sage ihm heute, wir wollen uns photographieren lassen, ich vor ihm kniend, denn das sei meine Stellung, das soll ein Familienstück werden, er sagt: Seitdem er mein Porträt habe, wünsche er nichts mehr zu besitzen.

1937 *Cesare Pavese, Turin*

Versuche nur, jemandem Gutes zu tun. Nach einer Weile wirst du sehen, wie du jenes zerknirschte und strahlende Gesicht hassen wirst.

1958 *Sylvia Plath, Boston*

Lerne etwas übers Leben. Schneide dir mit dem Silbermesser ein großes Stück heraus, ein großes Stück vom Kuchen. Lerne, wie die Blätter an den Bäumen wachsen. Mach die Augen auf. Der schmale, neue Mond liegt auf dem Rücken über dem Kleeblatt des Green Cities' Service-Gebäude und den beleuchteten Backsteinhügeln von Watertown, Gottes leuchtender Fingernagel, das geschlossene Augenlid eines Engels. Lerne, wie der Mond im Nachtfrost vor Weihnachten untergeht. Öffne deine Nase. Rieche den Schnee. Laß das Leben zu.

14. Dezember

1778 *Johann Wolfgang Goethe, Weimar*

Feuer in der Schule. Abends Tanz bey ☾ [Herzogin Anna Amalia]. Gespr. mit dem ♃ [Herzog Carl August] über Ordnung, Pol[izei] und Gesetze. Verschiedne Vorstellung. Meine darf sich nicht mit Worten ausdrücken, sie wäre leicht mißverstanden und dann gefährlich. Indem man unverbesserliche Übel an Menschen und Umständen verbessern will verliert man die Zeit und verdirbt noch mehr statt daß man diese Mängel annehmen sollte gleichsam als Grundstoff und nachher suchen diese zu kontrebalancieren. Das schönste Gefühl des Ideals wäre wenn man immer rein fühlte *warum* man's nicht erreichen kann.

1809 *Joseph von Eichendorff, Berlin*

Den 14. gingen wir zum erstenmale in Fichtes philosophische Vorlesungen, die er in einem *tapezierten* Saale des Prinz Heinrichschen Palais von 1–2 mittags las. Höchst komische, kleine, lahme Figur mit versoffner Nase in *Spenzer* u. *Gamaschen.* Sonderbares *Akzentuieren.*

1886 *Sofja Tolstaja, Jasnaja Poljana*

Kam heute beim Abschreiben von Ljowotschkas Tagebuch an die Stelle, an der er notiert hat: »Es gibt keine Liebe. *Es gibt das Bedürfnis des Fleisches nach Verkehr und das Bedürfnis der Vernunft nach einer Freundin fürs Leben.*« Ja, hätte ich diese seine Überzeugung vor neunundzwanzig Jahren gekannt, dann hätte ich ihn um nichts in der Welt geheiratet.

1900 *Alma Mahler-Werfel, Wien*

Mir ist geschehen… Ich bin beim Anziehen – so um 7 Uhr. Es läutet, Burckhard kommt. Wir wissen nichts zu reden – er streicht mir mit der Hand übers Gesicht, ich lasse mirs nicht gefallen. Er gibt nicht nach, kommt immer näher, küßt mich schließlich – und zwar jetzt kommt das Furchtbare – er berührt mit seiner Zunge meinen Mund. – Meine Leidenschaft und Illusion waren beim Teufel. Wie habe ich mich nach dem Moment gesehnt – und wie furchtbar war er in der Wirklichkeit. Diese Ernüchterung werde ich mir merken …

Klimts Kuß und
Burckhards Kuß

– damals ein Himmel – heute ein in den Abgrund schauen – ha – in welchen Abgrund …

1980 *Andy Warhol, New York*

Während der Schweigeminuten, in denen John Lennons gedacht und für seine Seele gebetet werden sollte, saß ich in einem Taxi mit einem schwarzen Fahrer. Er hatte einen schwarzen Sender eingeschaltet. Der Diskjockey unterbrach das zehnminütige Schweigen mit den Worten: »Wir sind da oben bei dir, John.« Der Fahrer lachte und sagte: »Ich nicht, Baby, ich bleibe hier unten.«

15. Dezember

1778 *Johann Wolfgang Goethe, Weimar*

Diese letzte Zeit meist sehr still in mir. Architektur gezeichnet um noch abgezogner zu werden. Leidlich reine Vorstellung von vielen Verhältnissen. Mit Knebeln über die Schiefheiten der Sozietät. Er kam drauf mir zu erzählen wie meine Situation sich von außen ausnähme. Es war wohl gesagt von außen. – Wenn man mit einem lebt soll man mit allen leben, einen hört soll man alle hören. Vor sich allein ist man wohl reine, ein andrer verrückt uns die Vorstellung durch seine, hört man den dritten so kommt man durch die Parallaxe wieder aufs erste wahre zurück … Ich bin nicht zu dieser Welt gemacht, wie man aus seinem Haus tritt geht man auf lauter Koth. Und weil ich mich nicht um Lumperey kümmre nicht klatsche und solche Rapporteurs nicht halte, handle ich oft dumm. – Viel Arbeit in mir selbst zu viel Sinnens, daß Abends mein ganzes Wesen zwischen den Augenknochen sich zusammen zu drängen scheint. Hoffnung auf Leichtigkeit durch Gewohnheit. Bevorstehende neue EkelVerhältn. durch die Kriegs Comiss[ion]. Durch Ruhe und Geradheit geht doch alles durch.

Knebel ist gut aber schwankend, und zu gespannt bey Faulenzerey und Wollen ohne was anzugreifen. Der Prinz in seiner Verliebschaft höchst arm. Der Herzog immer sich entwickelnd und wenn sichs bey ihm merklich aufschließt, krachts, und das nehmen die Leute immer übel auf. Im ganzen wird spät, vielleicht nie die Schwingung zu mindern seyn die der Ennui unter den Menschen hier erhält. Es wachsen täglich neue Beschwerden, und niemals mehr als wenn man Eine glaubt gehoben zu haben.

1901 *Fanny zu Reventlow, München*

Mit ihm [Bubi] im Puppentheater in Ebenhausen, es war eine Seelenerschütterung, das Kind zu sehn, wie seine großen schwarzen Augen allem folgten – wie er vor

Schrecken zusammenfuhr und nach meiner Hand greift, als der Kasperl kam. – Schrecken vor der menschlichen Karikatur – der Ritter machte ihm keine Angst. Dann ließ er meine Hand nicht los, er war noch nie so anschmiegend. Als der Engel im roten Licht zu Genoveva herunterkam, sagte er: »Solches war ich auch.« – Da hätte ich am liebsten vor ihm gekniet. –

Wir leben jetzt in Märchen. Der Winter ist das böse Wintertier, das auf den Bäumen sitzt und sie schüttelt. Wenn es schneit, sind es die Engelmausis im roten Himmel, die den Schnee herunterwerfen, hört es auf, so schlafen sie in goldenen Bettchen.

Die letzten Tage – wehmütiger Vorabschied und zitternde Arbeitshast.

16. Dezember

1660 *Samuel Pepys, London*

Ging auf einen Umtrunk zu *Price's.* Dort erfuhr ich von einem hübschen Trick, mit dem man feststellen kann, ob ein Mädchen noch Jungfrau ist oder nicht. Dazu legt man ihr einen Faden um den Kopf, der sich vorne an der Nasenwurzel treffen muß. Ist sie keine Jungfrau mehr, treffen die Fadenenden ein gutes Stück darüber zusammen.

1899 *Alma Mahler-Werfel, Wien*

Vormittags erst Zahnarzt, dann Stunde bei Adele. Ich studiere jetzt das Es-dur Concert, es ist schön und erbaulich. Wenn ich Beethoven spiele, habe ich immer das Gefühl, meine Seele sei in einer chemischen Waschanstalt, wo sie von den häßlichen schwarzen Flecken der unreinen Nervenerschütterungen Wagnerscher Musik gereinigt werde.

1927 *Thea Sternheim, München*

5 Minuten vor 11! Ich springe in ein Auto, fahre zum Justizpalast. Zimmer N° 87. Ich suche, und komme einige Minuten zu spät. Adler meint: »Eine Frau kommt selbst zur Scheidung zu spät.«

Die Anwälte, die Richter im Talar.

Ausschluß der Öffentlichkeit.

Ich werde nach vorn gerufen. Neben mir Adler.

Vor mir drei Richter, von denen der mich befragende besonders sympathisch und zart ist.

Es wird mir ein von Karls Hand geschriebenes und von Pamela Wedekind unterschriebenes Schriftstück vorgelesen; ich werde befragt, auch, ob ich mir den Entschluß nicht doch noch überlegen wollte.

»Ausgeschlossen« sage ich.

Dann wird die Scheidung ausgesprochen. Hinterher fühlt sich der albinohafte Rechtsanwalt Löwenstein bemüßigt, mir mitzuteilen, daß er, wenn auch Gegner, dennoch keine Feindschaft gegen mich hege. (Er soll übrigens Tilly Wedekinds Geliebter sein) Ferner teilt er mir mit, daß Pamela Wedekind in diesen Tagen großjährig geworden sei.

Das sind wahrlich alles nur Formalitäten.

Das Ereignis dieses Morgens liegt eine Stunde zurück.

Mit Adler. Der strahlt. »Sagte ich es Ihnen nicht, es dauert zehn Minuten. Nun, war es schlimm?«

»Es war weiß Gott nicht schlimm mein Freund.«

Ich esse mit Adler in der Odeonbar. Darüber schneits.

Die Welt wird weiß.

Bei Klauber betrachtet mich die Verkäuferin: »Sie sind nicht wiederzuerkennen. Um Jahre verjüngt.«

1972 *Karl Ignaz Hennetmair, Ohlsdorf*

In Ottnang gingen wir wieder ins Gasthaus Geßwagner essen, nachdem wir vorher im Hause eingeheizt hatten. Außerdem wollten wir das Gasthaus etwas später betreten, da in dem Gasthaus das Totenmahl nach einem Begräbnis stattfand. Die ersten Gäste verließen gerade das Gasthaus, als wir ankamen. Von der Wirtin wurde uns dann eine Konduktsuppe mit einer Konduktsemmel und gekochtes Rindfleisch offeriert. Wir waren natürlich über die Konduktsuppe sehr erstaunt, und die Wirtin klärte uns auf, daß zu jedem Begräbnis vom Bäcker eigene große Semmeln gebacken werden. Gleichzeitig zeigte sie uns so eine Riesensemmel, die beinahe die Größe eines Brotlaibes hat. Zur Totenzehrung bekommt jeder Teilnehmer eine solche Konduktsemmel, sagte die Wirtin, und da sie auch in der Rindsuppe Schnitten von diesen Semmeln als Einlage serviert, heißt die Suppe ebenfalls Konduktsuppe. Es war gegen 13 Uhr, und während wir das Essen auf den Tisch bekamen, wurden an den anderen Tischen, an denen der Kirchenchor und andere Sänger saßen, bereits einige Liter Wein aufgetischt. Zum Antrunk wurde von der ganzen Gaststube »Ein Prost mit harmonischem Klange« gesungen, und als nächstes folgte das Bergmannslied. Die meisten der Anwesenden waren früher in den Wolfsegg-Trauntaler-Kohlebergwerken beschäftigt gewesen. Es folgte dann ein Lied nach dem anderen, zum Andenken an den Toten, wie man von den Nachbartischen hören konnte. Thomas [Bernhard] war nicht nur vom Essen, sondern auch von den Sängern begeistert. Er sagte, er werde in seinem Stück *Die Jagdgesellschaft* angesichts des toten Generals den Holzknecht fragen lassen, ob er beim Bäcker die Konduktsemmeln bestellen solle.

17. Dezember

1937 *John Rabe, Nanking*

Zwei japanische Soldaten sind über die Gartenmauer gestiegen und im Begriff in unsere Wohnung einzudringen. Bei meinem Erscheinen entschuldigen sie sich damit, daß sie chinesische Soldaten hätten über die Mauer steigen sehen. Als ich ihnen mein Parteiabzeichen zeige, kehren sie auf demselben Wege zurück, den sie gekommen.

In einem der Häuser in der kleinen Gasse hinter meiner Gartenmauer ist eine Frau vergewaltigt und dann durch Bajonettstiche in den Hals verwundet worden. Es gelingt mir, eine Ambulanz zu bekommen, mit der wir sie ins Kulou-Hospital bringen. Im Garten liegen jetzt insgesamt etwa 200 Flüchtlinge. Sie fallen auf die Knie, wenn man vorbeigeht, und dabei wissen wir vor Elend selbst kaum noch aus und ein …

Um 6 Uhr nachmittags bringe ich meinen Flüchtlingen im Garten 60 Strohmatten. Die Freude ist groß! Vier japanische Soldaten klettern wieder über die Gartenmauer. Drei stelle ich sofort und jage sie zurück. Der vierte ist durch die Reihen der Flüchtlinge hindurch bis zum eisernen Haupttor gekommen, wo er von mir erwischt und höflich zur Tür hinausbegleitet wird. Kaum sind die Kerle draußen, so fangen sie an zu laufen. Mit einem Deutschen mögen sie ungern zu tun haben.

Ich brauche eigentlich meistens nur »Deutsch« und »Hitler« zu rufen, dann werden sie manierlich, während die Amerikaner recht große Schwierigkeiten haben, sich durchzusetzen.

1967 *Theodor W. Adorno, Frankfurt/Main*

Ich hatte eine unbeschreiblich schöne und elegante Geliebte, sie erinnerte an A., hatte aber etwas von der Dame der großen Gesellschaft, ich war überaus stolz auf sie. Sie sagte mir, ich müsse mir unbedingt eine Schwanz-Wasch-Maschine anschaffen. Auf meinen Einwand, ich badete doch jeden Tag und hielte mich überaus sauber, erwiderte sie, nur jene Maschine garantiere es, daß man an jener Stelle von jedem störenden Geruch frei sei; nur wenn ich mir eine kaufe, werde sie mich stets mit dem Mund lieben. Ich war nicht sicher, ob sie nicht eine Vertreterin der Firma war, welche die Maschine herstellte. Lachend aufgewacht.

1982 *Andy Warhol, New York*

Ich habe ungefähr 18 Parties versäumt.

18. Dezember

1821 *Giacomo Leopardi, Recanati*

Eine weitere Ähnlichkeit zwischen der Welt und den Frauen. Je aufrichtiger man jene wie diese liebt, je echter und stärker der Vorsatz ist, ihnen zu dienen, sich für sie aufzuopfern, um so gewisser wird man's bei ihnen zu gar nichts bringen. Sie zu hassen, sie zu verachten und sich allein zum eigenen Vergnügen und Vorteil mit ihnen einzulassen, dies ist das einzige, unentbehrliche Mittel, in der Gunst der Frauen etwas zu erreichen und in irgendeiner Laufbahn voranzukommen, bei welcher Person und in welcher Gesellschaft auch immer, in jedem Lebensbereiche, zu jedem Zweck usw. usw.

1905 *Leo Tolstoi, Jasnaja Poljana*

Jemand fragt mich: Sind Sie ein guter Mensch? Ich antworte: Zu sagen, ich sei ein guter Mensch, wäre Hoffart, hieße also, ich bin kein guter Mensch; zu sagen, ich sei ein schlechter Mensch, wäre Koketterie. Die Wahrheit ist, ich bin mal ein guter und mal ein schlechter Mensch.

Das ganze Leben verläuft so, daß es sich wie eine Harmonika zusammenzieht und dehnt und wieder zusammenzieht – vom Schlechten zum Guten und wieder zum Schlechten. Gut zu sein bedeutet nur, den Wunsch zu haben, häufiger gut zu sein. Und diesen Wunsch habe ich.

1931 *Julien Green, Paris*

Über Salvador Dalí soll Picasso zu Cocteau, der es mir zutrug, gesagt haben: »Diese jungen Maler sind erstaunlich. Sie wissen alles. Sie wissen sogar, daß man ein Pferd durch eine Fischgräte darstellen muß!«

1938 *Wilhelm Reich, Oslo*

Heute lud mich Gertrud zu sich ein. Willy [Brandt], ihr Mann, hatte Geburtstag, den fünfundzwanzigsten. Es sollten noch einige Leute von den alten Parteien kommen. Sie waren da. *Schrecklich.* Der eine hatte in allen Deutschland umgebenden Ländern »Zentren«. Der andere veranstaltete eine Silvesterfeier mit »Kommissionen«, »Statuten«, etc. Der dritte sagte zu mir, man hätte ja nicht bei der KPD sein können, sie »wäre ja *so klein*« gewesen. (Also könnte er heute gleich bei Hitler sein, weil dieser die *größte* Partei hat, wenn man ihn ließe.) Willy, ein Kind, das seine Pfeife mit *Würde* raucht.

Ich ging *Gertrud zuliebe* hin. Ich fürchte, ob sie durchhält. Sie hängt wegen Willy noch an diesem Kram, bei *klarem* Wissen. Ich möchte nicht wieder den Fehler begehen, gar nicht streng zu fordern, zu spät, oder gar zu hart zu sein. Doch *das geht nicht!* Wer mit mir kämpfen will, muß Sinn für das Lebendige haben. Und diese Leute sind *Leichen!*

1962 *Stephen Spender, London*

Mit Edith Sitwell zu Abend gegessen. Es waren noch fünf andere Leute da, Edith saß in ihrem Rollstuhl und sah ganz blaß und müde und krank aus. Sie bestritt die Konversation praktisch allein, weil sie in Gegenwart anderer Menschen nur auf ihrer eigenen Wellenlänge zuhören und reden kann. Es war würdelos, alle redeten ihr nach dem Mund, umschmeichelten sie und erzählten Klatsch und Tratsch, was sie amüsierte und anregte. Jede Pause war peinlich, so als könnten Langeweile und Gedankenarmut eindringen wie der Nebel draußen durch einen Tür- oder Fensterspalt. Uralte Anekdoten wurden hervorgekramt und begutachtet. Niemand reichte an Ediths Tonfall heran. Eigentlich war sie ziemlich brillant, obwohl man das Gefühl nicht loswurde, daß sie sich furchtbar anstrengen mußte und selbst zu der würdelosen Atmosphäre beitrug. Sie gab ein, zwei amüsante Beispiele, wie sie auf dumme Briefe reagiert habe. Eine Frau hatte ihr geschrieben: »Verehrte Dame Edith, obschon Bewunderin Ihrer Lyrik, bin ich doch sehr irritiert über ein Gedicht, das eine Zeile über sich paarende Tiger enthält. Ich habe eine neunzehnjährige Tochter – sie ist in dem Alter, wo der Bach in den Fluß mündet –, und einen zehnjährigen Sohn, der sehr unruhig ist. Ich möchte Sie bitten, verehrte Dame Edith, beim Verfassen Ihrer Gedichte zu bedenken, welch verstörende Wirkung Zeilen wie diejenige über die Paarung der Tiger auf unsere Jugend haben können.« Edith antwortete: »Sagen Sie Ihren dreckigen kleinen Bälgern, sie sollen *König Lear* lesen.«

19. Dezember

1664 *Samuel Pepys, London*

Warf meiner Frau vor, das Hauspersonal nicht streng genug zu führen. Als ich darauf nur eine freche Antwort erhielt, schlug ich ihr ins Gesicht und traf sie unmittelbar über dem linken Auge, so daß sie vor Schmerz laut aufschrie. Sie war aber immer noch so kampfeslustig, daß sie mich zu kratzen und zu beißen versuchte. Ich redete besänftigend auf sie ein, bis sie zu weinen aufhörte, und ließ Butter und Petersilie bringen, und alles war wieder gut. Danach stand ich auf, wütend auf mich selbst, weil sie den ganzen Tag einen feuchten Wickel über ihrem dunkel angeschwollenen Auge tragen mußte, und alle im Haus es sehen.

1840 *Henry David Thoreau, Concord*

Die flache Schneedecke, die auf dem zugefrorenen See liegt, ist weniger ein unbeschriebenes als ein ungelesenes weißes Blatt. In der Farbe Weiß sind alle Farben enthalten. Es ist eine so schlichte Nahrung für meine Sinne wie das Gras und der Himmel. In ihnen liegt nichts, was die Phantasie reizt. Ihre schlichte Schönheit hat den Menschen von Urzeiten her genügt. Am blauen Himmel und am grünen Gras hatten sie nie etwas auszusetzen.

1933 *Klaus Mann, Zürich*

Sehr merkwürdig und beängstigend geträumt: Über Stefan George. – Ich fürchtete mich vor seinen ungeheuren blauen Augen, mit schwarzen Kreisen in einer strahlenden Bläue. Aus einer Art von Höflichkeit biß ich [ein] Stück Fleisch von ihm aus; das Fleisch schmeckte grauenhaft und ich spuckte es heimlich aus; biß aber aus Höflichkeit noch einmal. – Er war theatralisch vermummt, trug eine Art von assyrischem Vollbart aus Nadeln und grauschwarz gestreifte Wollhandschuhe. – Ich wollte noch ein paar *literarische* Fragen an ihn stellen, kam aber nicht mehr dazu. – Der ganze Traum durchaus nicht sexuell, sondern *Angsttraum.*

20. Dezember

1866 *Edmond und Jules de Goncourt, Paris*

Wir sind jetzt wie zwei Frauen, die zusammen leben, deren Gesundheit sich vermengt, deren Regeln gleichzeitig kommen: unsere Migränen kommen am selben Tag.

1918 *Thomas Mann, München*

Um 7 in den Klub, wo ich Martens, Kassner, Rilke, Frisch, Bonn und andere traf. Der Zeichner Renner, der mit Vikko in Landsberg diente, stellte sich vor. Saß bei Tisch neben Oppenheimer, dem Bruder des Nationalökonomen. Nachher parlamentarische Diskussion über »Schuld am Kriege«, deutsche Selbstanklage etc. Anregend. War nicht weit entfernt, mich zu beteiligen, unterließ es aber, da das zu sagende mir zu delikat schien. Hauptredner Brentano und Bonn, Chefredakteur Müller. Alles allzu politisch, nicht moralisch und psychologisch. Kein Schriftsteller sprach. Mich beschäftigte ein eleganter junger Mann mit anmutig-thörichtem Knabengesicht, blond, feiner deutscher Typus, eher zart, etwa an Requadt erinnernd, dessen Anblick mir ohne Frage einen Eindruck gemacht hat, von der Art, wie ich ihn seit langem nicht festzustellen hatte. War er Gast im Klub oder werde ich ihm wieder begegnen? Ich gestehe mir bereitwillig, daß ein Ereignis daraus werden könnte.

2007 *Airen, Berlin*

Berghain. Es ist Freitag, ich wollte nicht alleine sein.

Kaum bin ich drin, mach ich mir ein Teil klar, Marke Rote Omegas, schön dick. Eine Kollegin von der Arbeit entdeckt mich, Vorstandsetage, auf Koks: »Nicht wirklich!« Mann, bin ich breit. Je besser das Ecstasy, desto breiter macht es mich zu Anfang. Ich leg mich in ein Separée, zähle mit mahlendem Kiefer runter von hundert auf null und wieder zurück, auch in Dreierrhythmen. Jemand packt mich am Bein, ich schnelle hoch, offensichtlich jemand vom Club, zu viele Zwischenfälle in letzter Zeit:

»Alles in Ordnung?«

»Alles okay Mann, ich chill nur ne Runde!«

»Okay …«

Aufpassen. Jetzt bin ich drauf. Mann, bin ich drauf. Ich geh auf den Dancefloor. Gänsehaut. Die Vocals streicheln mit rauher Hand meinen Nacken hinauf, wuscheln einmal über meinen Hinterkopf und schubsen mich ins Licht. Bang! Die Bedeutung von Musik. Jeder Sound will etwas sagen, mehr, als sein Erschaffer je meinen konnte. Ich bin eingeweiht. Der Sound und ich – das ist die direkteste Connection, das ist wie Sex, eine animalische Übereinkunft, ein jahrtausendealtes Zwinkern. Der Move fließt durch die Musik, reibt sich, entzündet sich, fliegt, verschmilzt, taucht ein, entgrenzt, beglückt. Tanzen, tanzen, die ganze Nacht nur tanzen! Techno ist mein bester Liebhaber. Die Kollegin schaut schon komisch. Man lädt mich auf Speed ein, ich finde mich wieder in einer der Toilettenkabinen. Da ist ein plumper Typ um die Dreißig, kurze Haare, und ein schlanker schwarzer Franzose, Laurent. Wir ziehen das Pep von der Klopapierhalterung. Ich greife beiden in den Schritt.

Der Blonde ist dabei. Ich setze mich auf den Klodeckel und packe seinen Schwanz aus. »Oh nein!« stöhnt der Neger exaltiert. Er hat seinen Cockring vergessen. Ich sauge langsam von unten nach oben. »Er macht das gut!« meint der Blonde etwas entschuldigend. Ich will den Neger auch, aber der sagt: »Nee, isch wüll etwas anderes eute Nacht!« und geht raus. Ich küsse den Blonden und bin dabei so drauf, daß ich ihn fast nicht mehr sehe. Sein Schwanz wird langsam. Dann stehen wir und halten unsere Schwänze aneinander, ich bin so drauf, dann bin ich wieder draußen.

21. Dezember

1879 *Cosima Wagner, Bayreuth*

Abends kommt Herr Rubinstein und spielt uns die Sonate 110 von Beethoven, nicht ganz zu unserer Freude, doch ist es gar himmlisch, wie Richard sich mir gegenüber setzend (auf das kleine Sofa am Klavier) plötzlich auf dem Boden zu mir rutscht, mir die Füße küssen will, ich seinen Kopf fasse und er wieder dann zu seinem Platz gleitet, flüsternd: »Er hat nichts gemerkt.«

1907 *Harry Graf Kessler, Bremen*

Abends kamen Rilkes [R. M. Rilke und Clara Westhoff] zu Tisch. Sie hat Etwas Großes und Einfaches, Willensstarkes, fast Männliches; er erscheint wie der femininere von Beiden. Wenn er beim Sprechen zusammengekauert mit übergeschlagenen Beinen und Armen auf seinem Stuhle sitzt, hat man von seinem dünnen Körper und seiner leisen, immer fast bittend klingenden Stimme einen Eindruck wie von einem unschönen jungen Mädchen. Er sprach von Prag, Rußland, Paris, immer in ganz langen, leisen, etwas preziösen Sätzen ...

Ich fragte Rilke nach Paris: wie sich sein starkes Verhältnis zu Paris zu seiner Liebe zu Rußland verhalte. Rilke: »Es gibt überall Menschen, die eigentlich schon aufgehört haben zu leben. Der kleine Bourgeois, der Künstler, der Bettler, die auf eine bestimmte Stufe der Existenz angelangt sind und nie mehr weiterkommen. Das Hoffnungslose ist das Furchtbare. Während man sich sonst, namentlich wenn man Künstler ist und stark empfindet, leicht hiervon abwendet, und auch ich das früher ganz instinktiv gethan habe, und deshalb mehr die Natur als die Menschen gesucht habe, habe ich in Paris auch dieses Aussichtslose sehen lernen, so daß es mir zu einem Teil der Natur wurde, das neben der übrigen Natur sein Recht hat, dem man sich nicht verschließen darf. Daher zerfällt auch, was ich gemacht habe, eigentlich in zwei Teile, in das was ich vorher gemacht habe, als ich nur die Natur sah, und in das, was nachher gekommen ist.«

1968 *Richard Burton, Paris*

Heute geht es bis zum 5. Jan. nach Gstaad. Wir haben ein großes Flugzeug gechartert, ich weiß nicht genau, was für eins, aber es hat etwa 16 Sitze und ist ein Turbo-Jet. Der Grund dafür ist, daß so viele Menschen mitkommen: Sarah, Michael, Chris, Liza, Maria, Caroline, John Dingsbums, das ist Simmys Freund aus Hawaii, und unsere beiden schwarzen Seelen. In jeder Hinsicht wird es ein friedliches Fest werden, in Hausschuhen, pfeiferauchend, vor dem Kaminfeuer und mit einem geliebten, vertrauten Band Dickens. Es wird das reine

Irrenhaus werden. Ich werde mich drei Tage lang im Schlafzimmer einschließen und mich nur zu Waldspaziergängen davonschleichen, wenn keiner was merkt. Vielleicht kann ich *Ein Weihnachtslied in Prosa* vor dem Kamin in unserem Schlafzimmer lesen. Und alle Weihnachtsrätsel lösen. Ich habe vergessen zu erwähnen, daß wir außerdem vier Hunde mitnehmen, eine Katze und einen Kanarienvogel. Ich glaube, in Zukunft werde ich vorschlagen, daß die Familie *en masse* ohne mich reist und ich allein. Wie herrlich muß es doch sein, nur einen einzigen Paß, einen Koffer, eine Aktentasche und eine Schreibmaschine bei sich zu haben. Und nachts in einem langsamen Zug zu fahren und beim Aufwachen Kuhglocken bimmeln zu hören und Schweizer Chalets zu sehen. Statt: »Liza, um Himmels willen, komm doch und hör damit auf, diesen streunenden Hund zu tätscheln. Maria, setz dich, SETZ DICH. Chris, hör um Gottes willen damit auf, auf dem ganzen Scheißflughafen mit Streichhölzern zu zündeln. Mike, nimm die Füße vom Rücken des Piloten. Er versucht, das Flugzeug zu steuern. Paß auf Fatso auf. Fang die Katze ein. Könnte irgend jemand Jacobs Scheiße aufwischen? Holt doch die Krallen der Scheißkatze aus dem Käfig des Kanarienvogels heraus. Könnte im Namen der Vernunft irgend jemand Oh Fie davon abbringen, den Copiloten in die Eier zu treten? Ach, scheiß drauf, wo ist der Fallschirm? Ich möchte aussteigen.« Ich hätte schreiben sollen *fünf* Hunde. Ich habe Jacob vergessen.

1822 *Wilhelm Waiblinger, Tübingen*

So ein Tag, wie der heutige, ist schon ein paar Worte werth: ein wahres Fastnachtsleben, ganz im Genuß des Augenblicks. Nach der Kirche ins Ballhaus: hier Bier gesoffen und über Griechenland und den Orient bis zur Hitze gestritten – im Museum 2 Heringe gefressen, Bier gesoffen und geraucht – von 6–7 literarisches Gespräch – nach dem Fraß gegen 6 Schoppen Wasser gesoffen – ich und Mörike hinterm Pult: ich mit einem abgeschabten Magisterhut, wie ein Zigeuner, die Pfeife in der Physiognomie – Mörike mit hinunterhängenden Hosen, den Bauch aus dem Hemd streckend – Eisbär und Buttersack beständig mit Theemachen beschäftigt –. Eine Bouteille Thee um die andere – Ein Furz um den andern – Fratzengesichter bis ins Abscheuliche – Lumpenlieder – Travestien.

1839 *Friedrich Hebbel, Hamburg*

Die Weihnachtsmusikanten, die »Nun danket alle Gott« blasen. Ein kleiner Knabe sammelt, als er eine Thür überschlägt, gibt ihm der Eine mit dem Horn einen Stoß und sagt: kannst du nicht sehen? Dann bläst er fort. Ein Zweiter greift während des Blasens einem Mädchen an den Hintern.

1937 *Joseph Goebbels, Berlin*

Beim Führer zu Mittag... Wir reden vom Sozialismus. Er ist die Ausdrucksform des 20. Jahrhunderts, während der Nationalismus die des 19. Jahrhunderts war. Im Nationalsozialismus hat der Führer das 19. mit dem 20. Jahrhundert versöhnt. Wir denken und handeln kollektiv. Die Sozialisierung der Wirtschaft ist dann gegeben, wenn kein persönlicher Besitzer mehr da ist. (s. Aktiengesellschaft.) Dann soll das Volk an die Stelle anonymer Kapitalgesellschaften treten. Wir machen das auf meinem Gebiet speziell. (s. Film, Presse, Rundfunk, Theater.) Der Prozeß schreitet fort und ist unaufhaltsam.

Ich schenke dem Führer 32 Klassefilme der letzten 4 Jahre und 12 Micky-Maus-Filme mit einem wunderbaren Kunstalbum zu Weihnachten. Er freut sich sehr darüber...

Lange mit dem Führer palavert. Über Sowjetrußland. Stalin und seine Eunuchen sind krank. Irre! Sonst kann man sich das alles nicht erklären. Muß ausgerottet werden.

1942 *Anne Frank, Amsterdam*

Das Hinterhaus hat mit Freude vernommen, daß jeder zu Weihnachten ein viertel Pfund Butter extra bekommt. In der Zeitung steht zwar ein halbes Pfund, aber das gilt nur für die glücklichen Sterblichen, die ihre Lebensmittelkarten vom Staat bekommen, nicht für untergetauchte Juden, die, weil der Preis so hoch ist, nur vier statt acht

Karten illegal kaufen können. Wir wollen alle etwas backen mit dieser Butter. Ich habe heute morgen Plätzchen und zwei Torten gemacht. Oben gibt es viel Arbeit, und Mutter hat verboten, daß ich lerne oder lese, bevor die ganze Hausarbeit erledigt ist …

Als ob ich tagsüber nicht schon genug »pst, pst« zu hören bekomme, weil ich immer zu viel Lärm mache, ist mein Herr Zimmergenosse nun auf die Idee gekommen, mir auch nachts wiederholt »pst, pst« zuzurufen. Ich dürfte mich, wenn es nach ihm ginge, noch nicht mal umdrehen. Ich denke nicht daran, das zu beachten, und das nächste Mal rufe ich einfach auch »pst«.

Er wird von Tag zu Tag unangenehmer und egoistischer. Von den freigiebig versprochenen Plätzchen habe ich nach der ersten Woche kein Stück mehr gesehen. Vor allem sonntags macht er mich wütend, wenn er so früh das Licht anmacht und mit seinen zehn Minuten Gymnastik anfängt.

Mir armen Geplagten kommt es wie Stunden vor, denn die Stühle, mit denen mein Bett verlängert ist, schieben sich ständig unter meinem schläfrigen Kopf hin und her. Nachdem er mit ein paar heftigen Armschwüngen seine Gelenkigkeitsübungen beendet hat, beginnt der Herr mit seiner Toilette. Die Unterhose hängt am Haken, also erst dorthin, dann wieder zurück. Die Krawatte liegt auf dem Tisch, also wieder schiebend und stoßend an meinen Stühlen vorbei und auf die gleiche Art zurück.

Aber ich will dich nicht mit Gejammer über alte, unangenehme Herren aufhalten, es wird doch nicht besser davon. Und alle meine Rachepläne (Birnen ausschrauben, Tür abschließen, Kleider verstecken) muß ich um des lieben Friedens willen leider unterlassen.

Ach, ich werde ja so vernünftig! Alles muß hier mit Vernunft geschehen, lernen, zuhören, Mund halten, helfen, lieb sein, nachgeben und was weiß ich noch alles! Ich habe Angst, daß ich meinen Vorrat an Vernunft, der ohnehin nicht besonders groß ist, viel zu schnell verbrauche und für die Nachkriegszeit nichts mehr übrig behalte.

1968 *Max Frisch, Zürich*

Apollo 8 im Fernsehen: die drei Menschen auf der Flugbahn zum Mond. Zur Zeit sind sie ungefähr 200 000 Kilometer von der Erde entfernt. Bild: unsere Erde als greller Ball, leider verschwommen. Einmal ein Rudel kleiner Meteoriten, dazu Stimme von Borman, der mit den Leuten in Houston (Texas) spricht. Kein Grund, hier die Pfeife nicht weiter zu rauchen. Ihre langsamen und fischhaften Bewegungen in der Schwerelosigkeit. Einer von ihnen, anzusehen wie ein weißer Embryo, winkt mit der Hand. Das Oben und Unten hat keine Geltung für sie, das ist offensichtlich und erzeugt im Zuschauer vor dem Fernsehschirm, gerade weil er Boden unter den Füßen hat, ein leichtes Gefühl von Schwindel. Technisch bisher alles in Ordnung. Einer leide unter Übelkeit; sein Arzt berät ihn von der Erde aus. Nach der Übertragung sagt man sich: Zum ersten Mal in der Geschichte der Menschheit usw., dann Sport vom Sonntag.

1989 *Peter Rühmkorf, Hamburg*

Zu »Isoldes Liebestod«, das früher an die Grenzen der Tonalität zu führen schien und heute an die des Kitsches, eingeschlafen und um 7.00 bei den immer um 7–8–9 Phon lauteren Nachrichten aufgewacht. Bloody Ceaușescu läßt in das eigene Volk reinschießen. Wie ich ihm im Hamburger Rathaus einmal die Flosse gedrückt und dabei gedacht hatte: noch nie so ein schlappes Stück Fleisch in der Hand gehabt. Müde. Eine kalkige Sonne.

23. Dezember

1870 *Cosima Wagner, Tribschen/Schweiz*

Nichts zu berichten als Weihnachtsvorbereitungen. Ich fahre zur Stadt im Schlitten und kehre halb erfroren heim. Abends putze ich den Baum aus. Die Kinder arbeiten heimlich. Alles in großer Spannung.

1946 *Evelyn Waugh, Piers Court*

Die Anwesenheit meiner Kinder erfüllt mich mit großer Müdigkeit und Bedrückung.

Ich sehe sie erst beim Mittagessen, da ich mein Frühstück allein in der Bibliothek einnehme, und sie haben auch gelernt, meinem Teil des Hauses fernzubleiben. Aber sobald ich aufwache, bin ich mir ihrer bewußt. Das Mittagessen ist sehr anstrengend. Teresa hat eine affektierte Aussprache und eine vorlaute, humorlose Art;

Bron [Auberon] ist unbeholfen und ungepflegt, schlau, ohne intellektuelle, ästhetische oder geistige Interessen. Margaret ist niedlich und zu jung für vernünftige Gespräche. Das Kinderzimmer ist eine Brutstätte von Keuchhusten. Beim Tee sehe ich die drei ältesten Kinder wieder, und sie okkupieren den Salon, bis es Zeit ist, sich zum Abendessen umzuziehen. Früher habe ich ihnen gern erfundene Geschichten über Basil Bennett, Dr. Bedlam und die Sebag-Montefiores erzählt. Doch nun gefällt es ihnen, »Das stimmt nicht!« zu rufen. Ich habe ihnen Dame beigebracht, dem sie aber nichts abgewinnen können.

Der Frost hat aufgehört, draußen ist es jetzt matschig und naß und stürmisch.

Ich denke mit Grauen an Weihnachten und freue mich schon auf den Operationstermin, es wird eine Befreiung sein.

1999 *Helmut Krausser, München*

Böse Antwort:

»Sag, wie werd ich Pfunde los?«

»Schneid dir eine Glatze, masturbiere und wasch dich.«

24. Dezember

1845 *Hans Christian Andersen, Berlin*

Nichts von Jenny gehört; ich fühle mich gekränkt und wehmütig! – In Berlin ist sie nicht wie eine Schwester zu mir; hätte ich ihr hier fremd sein sollen, dann hätte sie mir das sagen können, und ich hätte mich so verhalten! – Sie hat meine Brust erfüllt – ich liebe sie nicht mehr! In Berlin hat sie das kranke Fleisch mit einem kalten Messer herausgeschnitten! – Was für Gedanken mögen sie wohl bewegen, daß sie so wenig Notiz von mir nimmt, dabei bin ich doch vor allem ihretwegen nach Berlin gekommen, dabei hätte ich doch einen viel vergnügteren Weihnachtsabend verbringen können. – Ich habe in Kopenhagen für sie gelebt – was nützt es mir, daß ich so vieles gab, und zwar einer, welche die Welt die Edelste und Beste nennt! – Jetzt ist Weihnachtsabend! Wie glücklich in einem Heim, wo der Mann einen Herd hat! Jetzt ist der Weihnachtsbaum angezündet; die Frau steht mit dem kleinsten Kind im Arm davor, es streckt die Händchen nach den vielen Lichtern aus und hüpft vor Freude auf dem Arm der Mutter, die andern Kinder jubeln und schauen nach ihren Geschenken, und da sitzt ein Kreis von Freunden. – Der Fremde in der Ferne, sein Weihnachtsbaum ist der Sternenhimmel, die Bilder neue Städte, neue Gesichter! – Er fliegt davon! – Unter Gottes Weihnachtsbaum hebe ich den Kopf und sage: Vater, was gibst du mir? – Und vielleicht bekomme ich einen Sarg.

1869 *Cosima Wagner, Tribschen/Schweiz*

Großes Arrangement. Alle Namen (des ganzen Hauses) habe ich sorgfältig gemalt und sie in der Stube verteilt. Es galt, ohne Tische die Bescherung zu Stande zu bringen. Professor Nietzsche kommt am Morgen und hilft mir, das Puppentheater mit *Iftekhar* herzurichten. Nachmittags muß ich noch einiges besorgen, während dem macht Richard die Probe von Knecht Ruprecht und Christkindchen. Ich komme heim, es wird begonnen. Ich mit dem Professor bei den Kindern, fordere Loulou auf, den »Kampf mit dem Drachen« vorzusagen um ihre Geisteskräfte in Anspruch zu nehmen; sie sagt es bis zum *das Kirchlein kennst du, Herr,* da tritt Hermine [Zofe der Wagners] herein und sagt, sie habe so brüllen hören, plötzlich ist unser Knecht Ruprecht da und brüllt; furchtbarer Schrecken der Kinder, Richard besänftigt ihn allmählich, er wirft seine Nüsse aus, großer Jubel der Kinder. Während sie aufklauben, steht das Christkindchen glänzend beleuchtet da. Stillschweigend folgt das ganze Haus, ich voran mit den Kindern; das Christkindchen winkt mit dem Baum und wandelt langsam die Treppe hinunter, es verschwindet durch die Galerie, die Kinder, verblendet von dem Glanz des Baumes und der Spielsachen, sehen es nicht verschwinden. Nach der Bescherung bete ich vor dem ausgelöschten Baum mit den Kindern. Professor Nietzsche gibt mir die Widmung seines Vortrages über Homer.

1903 *Léon Bloy, Paris*

Im *Café du Commerce*. Schnell hingeworfene Notiz: Irgendein Gast betritt das Lokal. Gleich darauf kommt ein zweiter, der genau wie Nummer eins aussieht. Dann ein dritter, dann ein vierter, dann zehn, zwanzig, fünfzig, fünfhundert, ich weiß nicht mehr wieviele. Das Café ist zum Überquellen angefüllt mit Menschen, die einander aufs Haar gleichen, in jedem Sinne *einer und derselbe* sind. Es ist der Anfang vom Ende aller Cafés, der Anfang vom Ende der Welt!

1911 *Franz Kafka, Prag*

Heute vormittag Beschneidung meines Neffen. Ein kleiner krummbeiniger Mann, Austerlitz, der schon 2800 Beschneidungen hinter sich hat, führte die Sache sehr geschickt aus. Es ist eine dadurch erschwerte Operation, daß der Junge statt auf dem Tisch auf dem Schoß seines Großvaters liegt und daß der Operateur, statt genau aufzupassen, Gebete murmeln muß. Zuerst wird der Junge durch Umbinden, das nur das Glied frei läßt, unbeweglich gemacht, dann wird durch Auflegen einer durchlochten Metallscheibe die Schnittfläche präcisiert, dann erfolgt mit einem fast gewöhnlichen Messer, einer Art Fischmesser, der Schnitt. Jetzt sieht man Blut und rohes Fleisch, der *Moule* [mohel, Beschneider] hantiert darin kurz mit seinen langnägeligen zittrigen Fingern und zieht irgendwo gewonnene Haut wie einen Handschuhfinger über die Wunde. Gleich ist alles gut, das Kind hat kaum geweint. Jetzt kommt nur noch ein kleines Gebet, während dessen der *Moule* Wein trinkt, und mit seinen noch nicht ganz blutfreien Fingern etwas Wein an die Lippen des Kindes bringt. Die Anwesenden beten: »Wie er nun gelangt ist in den Bund, so soll er gelangen zur Kenntnis der Tora, zum glücklichen Ehebund und zur Ausübung guter Werke.«

1932 *Julien Green, Paris*

Ich habe Gide besucht, und auf dem Weg zu ihm glitt ich in der Rue Vaneau aus, zerriß mir die Hose und schlug mir das Knie auf. Gide, den ich von diesem kleinen Unfall in Kenntnis setzte, macht es offenkundig Vergnügen, mich zu verarzten, er holt Watte, Jodtinktur und Gaze. Ich schäme mich ein bißchen, ihm mein Bein zu zeigen, zumal Yves Allégret, Marcs Bruder, ebenfalls da ist. Zu zweit legen sie mir einen Verband an – vielmehr macht sich Gide unnötig um seinen Neffen herum zu schaffen, der die Gazebinde um die Wunde wickelt. »Jedenfalls«, sagte Gide munter, als alles fertig ist, »kann sich Ihr Verband nicht verschieben, weil Sie eine sehr dicke Wade haben.« Ich hätte ihm beinahe ins Gesicht gelacht, da dieser Satz durch seinen wunderlichen Akzent äußerst komisch klang.

1947 *Paul Léautaud, Fontenay-aux-Roses*

Heute abend, als ich fürs Abendbrot gerade gekochte Bohnen aufwärmte, bekam ich ein Weihnachtspräsent von Frau Gould: Eine Flasche Champagner Moët et Chandon. Eine Fleischpastete. Ein fertiggebratenes

Hähnchen. Süßigkeiten aus Nizza: Zwei Dosen kandierte Früchte. Vier Tafeln Nougat. Einen Beutel mit Pralinen.

Nun: Aus Champagner mache ich mir nichts. Lieber als ein Hähnchen ist mir ein Omelett. Fleischpasteten mag ich nicht. Kandierte Früchte verabscheue ich. Nougat mag ich nicht.

Ich habe wirklich Glück.

25. Dezember

1665 *Samuel Pepys, London*

Morgens in der Messe nach langer Zeit wieder einer Trauung beigewohnt, das junge Paar sehr glücklich miteinander. Merkwürdig, mit welcher Freude wir Verheirateten diese armen Toren in unseren Stand hineingelockt sehen, und alle Welt ihnen lächelnd zuschaut.

1860 *Edmond und Jules de Goncourt, Paris*

Die deutsche Zofe einer Dame, die wir kennen, sagte ihr vorhin um Viertel vor sechs Uhr, wobei sie sich beim Zuschnüren der Stiefeletten unterbrach und nach der Wanduhr sah: »Ach, Madame, jetzt ist es Viertel vor sechs …« – »Na, und, Anna?« – »Jetzt werden in Darmstadt alle Weihnachtsbäume angesteckt …«

Man hat abgeleugnet, daß neulich ein Mann in Paris vor Hunger gestorben ist. Doch! Ein Mann ist vor Hunger auf dem Pflaster gestorben. Zwei gekreuzte Besenstiele dienten ihm als Kopfkissen und seine um ihn herumliegenden Kinder lehnten, weil sie froren, ihren Kopf an den noch warmen Vater.

1933 *Thea Sternheim, Paris*

Ich liege in meinem Schlafrock eingewickelt Josef Roths *Hiob* lesend auf der Couch. Friere. Denke ich an das in Bethlehem neugeborene Kind weiß ich schon, daß seine Hände und Füße einmal furchtbar verwundet sein werden. Brach seine Ankunft Marias Schoß, wird sein Weggang ihr Herz zerbrechen. Wir aber, Nachfahren jener, die ihn ans Kreuz schlugen, haben keine Ursache seine Ankunft anders als mit Angst zu begehen. Möge der Himmlische uns vor der Sünde jeder Vergewaltigung bewahren! Lieber dem Kind in seinen Qualen ähneln als denen, die diese Qualen verursachten, die Hitler, Göring, Streicher und Konsorten jener Epoche.

Roths *Hiob*, die Geschichte eines russischen Juden von epischer Dichte und oft großem Atem. Jedenfalls hört man zu lesen nicht auf.

Gegen sechs (mein Lebensmut ist unter Null gefallen) klingelt das Telefon. Gide. Mich erschreckt seine Stimme weil ich ausgerechnet ehe man mich ans Telefon rief mit Intensität an ihn gedacht hatte.

Erst wünscht er mir ein gutes Fest, klagt dann, er sei alleine, vor Melancholie außer sich. Worauf ich ihm sage, er solle doch zu mir kommen. Ich sei auch alleine. Traurig wie er. Eine halbe Stunde später ist er mit einer Ananas, mit einer Gänseleberpastete bepackt bei mir.

Den ganzen Tag habe ich gefroren; plötzlich fühle ich mein Blut strömen, werfe den Pelzkragen ab.

Alles alles ist doch nur eine Frage der Empfindung. Wieso aber kommt es, daß Gide alleine ist?

Wir finden alsbald allerlei Grund herzlich zu lachen. Zum Nachtisch gibt Gide den aus Nizza erhaltenen Brief zum besten, in dem ihm ein Architekt von seinem jährlich stattfindenden Familienzuwachs berichtet. Der mit fünf verschiedenen Frauen gezeugte Nachwuchs, fünf Söhne, sämtlich um den Vater versammelt. Ein sechstes Kind unterwegs.

Wir sprechen vom Einfluß der Gestirne, vom Werden und Vergehen des Menschen. Gide meint unsere sich so nahe berührenden Geburtstage seien auch Ursache des vollendeten Einverständnisses.

In das Raspailkino.

Der Film des jungen d'Aurenche, Marie Berthes Bruder, der amerikanische Film *Madness*.

Ich wickle den anfangs frierenden Gide in meinen grauen Mantel, wärme seine eiskalten Hände. Welche gute selige Weihnacht, denke ich fortwährend.

1952 *Jean Cocteau, Milly-la-Forêt*

Je mehr die Haare ausfallen, um so mehr sprießen die Antennen.

Der Journalist: Was möchten Sie an Ihrem Weihnachtsbaum hängen sehen?

Ich: Die Journalisten.

1987 *Imre Kertész, Budapest*

Weihnachten. Winternebel. Mit dem Bus über die Arpád-Brücke, unter mir der metallene Fluß. Die Bäume wie dünne Bleistiftstriche auf schmutzig grauem Papier. Der Geruch der Luft. Ein Gefühl der Freiheit, fast des Glücks, wie immer, seit meiner Kindheit, wenn Nebel herrscht.

1999 *Einar Schleef, Wien*

In einem Kanal kämpft Spartakus mit Rom, Mann gegen Mann mit dem Daumen nach unten, im anderen segnet Urbi et orbi die Welt, den Daumen nach oben.

2006 *Jochen Schmidt, Berlin*

In der Gethsemane-Kirche, wo ich seit Oktober '89 nicht mehr war. Der Organist machte wieder Tempo, sie mögen es nicht, wenn man in den Klängen schwelgt. Wahrscheinlich führt so ein Organist einen lebenslangen einsamen Kampf gegen die schleppend singende Gemeinde. Immerhin hatten sie den Mut, auf »Stille Nacht« zu verzichten, dieses »Katzeklo« der Weihnachtszeit. Unangenehm, daß dauernd von Liebe die Rede war, »geliebte Menschen können nicht anders als glücklich sein, denn Gott liebt uns«. Nachgedacht über Gottes Versuch, durch das Martyrium seines Sohns zum Menschen zu werden. Seitdem denken Künstler, ihr Leid sei von allgemeinem Interesse.

Darf man aus einer evangelischen in eine katholische Kirche simsen?

Mir fiel wieder ein, daß wir als Konfirmanden immer während des Gottesdienstes die schwenkbaren Jackenhaken von den Kirchenbänken abgeschraubt haben, um sie den Mädchen zu zeigen, die sich entsetzt die Hand vor den Mund hielten. Wir schraubten sie natürlich wieder an, wir waren ja Christen.

26. Dezember

1797 *Wilhelm von Humboldt, Paris*

Ich war in der Sitzung der ersten Classe des Nationalinstituts in welcher Buonaparte zum erstenmal, seitdem er gestern aufgenommen worden ist, erschien. Er kam ohngefähr in der Mitte der Sitzung mit Lacépède dem Präsidenten, und es wurde seiner Gegenwart wegen nichts in der Sitzung verändert. Nur waren viel Zuschauer zugegen und aller Augen auf ihn gerichtet. Er ist klein und mager; hat einen kleinen Kopf und wie ich zu bemerken glaubte selbst für seine Figur kleine und feine Hände. Sein Gesicht ist mehr länglicht, als rund und sehr mager. Das Haar braun und dünn; die Stirn, soviel sich vor den Haaren, die darauf hinunterhingen, sehen ließ, mehr gerade, als vorwärts gebogen; die Augenknochen stark und rein und schön gewölbt, also die Stirn über der Nase hervorstehend; die Augen groß, tiefliegend und gut geschnitten; die Nase etwas gebogen, doch nicht an der Spitze umgebogen, sehr scharf und fein geschnitten; der Mund und das Kinn sehr männlich, bestimmt, und das Kinn besonders sehr stark und rundlich geschnitten; die Oberlippe über der unteren vorstehend, und die Linie vom Mundwinkel bis zum Nasenübergang etwas aufrechts gezogen, doch ohne daß dies zur Härte oder zum Stolz wird. Wegen der Magerkeit stehen die Backenknochen vor, und im Sprechen sind alle Gesichtsmuskeln, vorzüglich auch die Nase in Bewegung. Mit den Augen macht er öfters so eine blinzelnde Bewegung, bei der sich das untere Augenlid in die Höhe zieht, die auch [Friedrich Heinrich] Jacobi, doch anders hat, und die nie etwas Großes gibt, sondern immer klein aussieht. Angezogen war er sehr einfach, blauer Rock und Überrock, bis beinah auf die Finger heruntergehende Ärmel, Stiefeln und Spornen. Er trägt einen Zopf und ist gepudert. Das Ganze seiner Physiognomie hat nichts Großes, noch Heftiges, noch sehr Determiniertes, es drückt überhaupt mehr intellektuelle, als moralische Eigenschaften aus. Er sieht ruhig, überlegend, bescheiden, obgleich auch von festem und gerechtem Stolze, frei, scharfsehend und äußerst ernst, als wäre er einzig und ohne alle andere Neigung oder Rücksicht nur an seinen Beruf gebunden, aus. Manchmal bekommt indes sein Gesicht, vorzüglich wenn er es in Bewegung setzt, auch etwas Hartes, und Schneidendes. Es ist schwer sich ihn in Handlung, und noch schwerer in Enthusiasmus zu denken.

1831 *Charles Darwin, an Bord der »Beagle«*

Ein wunderschöner Tag und ausgezeichnet zum Segeln. Die Gelegenheit wurde jedoch verpaßt, da fast die gesamte Mannschaft entweder betrunken oder abwesend war. Das Schiff war den ganzen Tag über in einem Zustand der Anarchie. Ein einziger Urlaubstag hat diese Mißhelligkeit heraufbeschworen; solch ein Vorkommnis beweist, wie absolut notwendig strikte Disziplin bei solch gedankenlosen Burschen wie Seeleuten ist. Einige haben wegen Frechheit eine Strafe auferlegt bekommen; sie mußten acht oder neun Stunden in schweren Ketten verbringen. In diesem Zustand benahmen sie sich wie Kinder, beschuldigten jeden und alles, nur nicht sich selber, um im nächsten Moment fast zu weinen. Es ist ein unglückseliger Anfang, wenn man bereits so früh viele der Besten derart bestrafen muß, jedoch gab es keine andere Wahl. Habe in der Fähnrichsmesse gespeist und einen angenehmen Abend verbracht.

1980 *Andy Warhol, New York*

Der Tag nach Weihnachten, und ich mache schon wieder Weihnachtskarten für nächstes Jahr, für John Loring von Tiffany's.

1987 *Paul Bowles, Tanger*

Das lächerlichste Gerät des Jahres, im Schaufenster eines indischen Geschäfts auf dem Boulevard Pasteur: Ein Deodorant mit eingebautem Kompaß.

1818 *August von Platen, Würzburg*

O wenn doch nur diese Liebe nicht wäre! Sie richtet mich zugrunde. Alle meine Studien ekeln mich an; ich denke immer an ihn. Man hält mich für fleißig, während ich meinem Gram nachhänge. Wenn es so fortgeht, so kehre ich unverrichteter Dinge wieder heim von der hohen Schule und habe nichts als geträumt. So gut bringen auch die anderen ihre Zeit hin, die tagelang in den Kaffeehäusern liegen. An allem ist diese Liebe schuld, wiewohl ich ihn jetzt gar nicht mehr sehe. Wenn ich ihn öfter zu sehen kriegte, die Melancholie würde mich umbringen. O gute Vorsicht, die du mich immer so treu bewahrtest, kann er mich denn gar nicht lieben? mir gar nichts sein? Beglückt durch seine Freundschaft, würde ich auch den beschwerlichsten Weg der Wissenschaft und Berufspflicht mit dem fröhlichsten Mute gehen. Wenn ich des Abends ein Stündchen mit ihm plaudern könnte, wie fleißig wollt' ich den Tag über sein! Ist denn dies nicht möglich? Ich habe freilich zu wenig Vorzüge, um ihn zu fesseln; aber sollte unter den sehr vielen, mit denen er umgeht, nicht einer sein, der weniger ihm sein kann als ich? Ich würde so liebevoll um ihn besorgt sein. Mögen Zeiten dahinschwinden, mag das Herz abwelken, mag das Alter mit schweren Schritten herbeikommen: göttlich ist's doch immer, sagen zu können: »Ich wurde geliebt.« Aber ich kann dies eine nur sagen: »Ich liebte.« Und mir auch schwindet die Zeit, und welkt das Herz, und naht dereinst das Alter!

1894 *Arthur Schnitzler, Wien*

Nacht bei Dilly [Adele Sandrock]. – Ihr Dramenstoff. Sie denkt darüber nach, wenn sie früh im Bett liegt und keine Lust hat, daß das Leben schon anfangt. – Erster Akt: Frau und Stubenmädchen decken im Försterhaus den Tisch; Maria soll Robert heiraten, den Förstersohn. – Vor allen Gästen bekennt diese, daß sie die Geliebte des jungen Grafen ist. Aktschluß. Im 4. Akt kommt der junge Graf und fleht Robert an, er soll das Mädchen heiraten; dann geht er hinaus und erschießt sich. – Ich: Und was macht Robert? Heiratet er sie? – Nein. Er fühlt nur grenzenloses Mitleid und dann – ist Gruppe. – Ich heulte.

1928 *Harry Graf Kessler, Paris*

Abends Vorstellung von Diaghilews Ballett in der Oper. Strawinskys *Rossignol* und *Petruschka.* Nachher in den Gängen hinter der Bühne, wo ich auf Diaghilew wartete, kommt dieser mit einem kleinen, hageren Jungen in einem zerschlissenen Mantel auf mich zu und sagt: »Kennen Sie ihn nicht?« Ich: »Nein, wirklich, ich kann mich nicht besinnen.« Diaghilew: »Aber es ist doch Nijinski!« *Nijinski!* Ich war wie vom Donner gerührt. Das Gesicht, das so oft wie das eines Gottes geleuchtet hatte, Tausenden ein unvergeßliches Erlebnis ist, grau, schlaff, leer, nur noch flüchtig von einem verständnislosen Lächeln, einem kurzen Schein wie von einer verflackernden Flamme erleuchtet. Kein Wort kam über seine Lippen. Diaghilew hatte ihn unter einem Arm gefaßt; um die Treppe, drei Etagen, hinunterzugehen, bat er mich, ihn unter den andren Arm zu fassen, weil er, der früher über Häuser springen zu können schien, unsicher, ängstlich von Stufe zu Stufe sich heruntertastet. Ich packte ihn, drückte ihm die dünnen Finger, versuchte ihn durch freundliche Worte zu ermuntern; verständnislos, aber unendlich rührend blickte er mich aus großen Augen wie ein krankes Tier an.

Mühsam, langsam stiegen wir die drei endlosen Etagen hinunter, er schwer auf uns beide sich stützend, bis zu seinem Wagen, in den er, ohne ein Wort gesprochen zu haben, hineingehoben wurde. Ganz stumm setzte er sich zwischen zwei Frauen, die ihn zu betreuen schienen, und fuhr ab. Ob er Petruschka, seine Glanzrolle, erkannt hat, wußte man nicht. Aber Diaghilew sagte, er habe wie ein Kind aus dem Theater nicht wieder fortgewollt. Zum Abschied küßte ihn Diaghilew auf die Stirn. Ich ging nachher noch mit Diaghilew ins Restaurant de la Paix, wo wir mit Karsawina, Misia Sert, Craig, Alfred Savoir bis spät saßen; aber ich war nicht bei der Sache, konnte über dieses Wiedersehen mit Nijinski nicht hinweg.

Ein Mensch, der ausbrennt... Unfaßbar! Vielleicht noch unfaßbarer, tragischer, wenn ein Verhältnis, eine Leidenschaft zwischen zwei Menschen ausbrennt, nur noch ein leises Aufflackern den hoffnungslosen Leichnam flüchtig erleuchtet.

1939 *Christopher Isherwood, Los Angeles*

Habe beschlossen, mit dem Rauchen aufzuhören – zumindest für heute. Aber es ist ein Ganztagsjob. Den ganzen Vormittag habe ich im Sessel gesessen und unter Entzugserscheinungen gelitten. Um 11.25 Uhr gab es ein leichtes Erdbeben.

1988 *Imre Kertész, Budapest*

Die Aufzeichnung des Tatsachenlebens langweilt mich, überdies gibt es in meinem Leben kaum Tatsachen, die sich aufzeichnen ließen. Höchstens die landesweite Agonie, die Politik, die mich nicht interessiert, und die Grauen meines Privatlebens. Meine Mutter. Ihr Schenkelhalsbruch. Das Krankenhaus. Die Zustände im Krankenhaus (im János-Krankenhaus). Der einsame Todeskampf, der ärmliche, sozialistische, staatliche Tod. (Trotz immer offner Taschen, trotz dauernder Trinkgelder.) Meine Ohnmacht angesichts von Urin, Gier, Einsamkeit. Das sich täglich wiederholende panische Grauen, wenn ich die Tür zu diesem von Tigergestank erfüllten Zimmer öffne. Auschwitz, Endlösung. Das Prinzip hat gesiegt und walzt alles nieder. Heute mittag habe ich sie saubergemacht, ihr mit Seife und einem Papierhandtuch die Füße gewaschen. (Daß die Exkremente und der Urin vor allem an der Achillessehne und an den Knöcheln haftenbleiben und auf der Haut später dicke Schuppen bilden, daran erinnere ich mich noch aus dem KZ.)

1914 *Katherine Mansfield, Missenden/Buckinghamshire*

Das Jahr ist fast vorbei. Schnee ist gefallen, und alles ist weiß. Es ist sehr kalt. Ich habe meinen Schreibtisch in die Ecke geschoben. Vielleicht kann ich hier besser schreiben. Ja, dies ist ein guter Platz für den Schreibtisch, denn ich kann nicht aus dem dummen Fenster gucken. Ich bin ganz für mich. Die Lampe steht an einer Ecke und *in* der Ecke. Ihr Licht fällt auf den gelb-und-grünen indischen Vorhang und auf den Streifen roter Stickerei. Der einsame Wind atmet kaum. Ich liebe es, die Augen für einen Augenblick zu schließen und an das Land da draußen zu denken, weiß unter Schnee und Mondlicht – weiße Bäume, weiße Felder – die Steinhaufen am Straßenrand weiß – Schnee in den Furchen. *Mon Dieu!* Wie still und wie geduldig! Wenn er käme, könnte ich nicht einmal seine Schritte hören.

1941 *Werner Kraft, Jerusalem*

Sie [Else Lasker-Schüler] erzählt mir einen Traum. Sie sei auf Golgatha gewesen und habe dort Jesus gesehen, neben ihm zwei Krüppel, die schwarz waren wie Pech, ein andermal sagte sie: wie Lack. Jesus habe einen weißen Mantel angehabt, der oben durch eine Goldborte geschlossen gewesen sei (die sie als Jesus nicht angemessen empfand). Auf einmal habe sich der Mantel geteilt, und sie habe ein Licht gesehen von einer Weiße, wie sie es nie im Leben gesehen habe. Dann habe sie dieses Licht getrunken und sie sei davon ungeheuer stark gewesen, daß sie den Eindruck gehabt habe, wenn sie jetzt jemandem die Hand gegeben hätte, hätte er sterben müssen. Das war schon nach dem Erwachen, wo sie noch »drei Stunden lang« das Gefühl dieser Stärke gehabt habe. Da habe sie etwas sehr Böses getan. Statt die Tür zu schließen, habe sie sie geöffnet, in dem Gefühl, ihre Kraft probieren zu müssen… Daß sie die Krüppel neben Jesus als Goebbels (und Göring) bezeichnete, ist das wenigst Bedeutende an diesem bedeutenden Traum. Es war übrigens nicht direkt Golgatha, sondern ein Felsen, der ihr als dieses erschien und den sie jetzt suchen wolle…

1952 *Jean Cocteau, Milly-la-Forêt*

Messe in Milly. Der Dechant sehr stolz auf seine Heizung, die nicht heizt. Sehr stolz auf seine Orgel, die falsch spielt. Ein paar alte Damen und ein paar Tröpfe. Das Skandalöse ist, daß so erhabene Lehren und ein so würdevolles Zeremoniell so tief gesunken sind. (Verwechslung von Güte und Dummheit.)

1967 *Julien Green, Paris*

Mit Genuß Montaigne gelesen. »Ich kreise in mir selbst«, schreibt er zu unserem nie versiegenden Vergnügen. Ich schlage auf gut Glück die *Essais* auf, ohne je betrogen zu werden, nie geht man leer dabei aus. Gestern habe ich dieses Buch wirklich in vollen Zügen gekostet…

1831 *Charles Darwin, an Bord der »Beagle«*

Gegen Mittag waren wir 380 Meilen von Plymouth entfernt. Die Strecke bis Madeira beträgt noch 800 Seemeilen. Wir befinden uns im Golf von Biscaya, und die See ist ziemlich rauh. Einige Male habe ich heute eine gehörige Übelkeit verspürt. Es gibt einen großen Unterschied zwischen meiner früheren Seekrankheit und der gegenwärtigen: Ich fühle mich nicht schwindlig. Es ist nicht unangenehm, meine Augen zu gebrauchen. Es ist sogar recht unterhaltsam, den Mond und die Sterne ihre kleinen Revolutionen in den neuen heraufziehenden Erdkreisen veranstalten zu sehen, während ich in meiner Hängematte liege. Ich werde nun meine teuer erkaufte Erfahrung bezüglich der Seekrankheit schildern:

Zunächst fühlt man sich unbeschreiblich elend, und es geht weit darüber hinaus, was sich eine Person, die niemals länger als ein paar Tage auf See gewesen ist, vorstellen kann. Die einzige Erleichterung fand ich in der Horizontalen, doch man darf niemals vergessen: je mehr man den Feind bekämpft, desto schneller wird er nachgeben. Ich entdeckte, daß die einzigen Dinge, die mein Magen ertragen konnte, Kekse und Rosinen waren, doch dessen wurde ich schnell müde, je erschöpfter ich wurde, und dann ist die vornehmlichste Kur Sago mit Wein und Gewürzen, was man stark erhitzt. Doch das sicherste ist, sich hinzulegen, und wenn es in eine Hängematte ist, um so besser.

1925 *Evelyn Waugh, Paris*

Gegen sechs gingen wir in die Chatham Bar und tranken Cocktails, Bill erkundigte sich bei den Kellnern nach Adressen von Bordellen, anschließend ins Café de la Rotonde, wieder Cocktails. Dinner im Prunier, wo ich Muschelsuppe, Hummer und Artischocken aß und Weißwein trank. Zum Cognac ins Café de la Paix. Von dort in ein Bordell. Der Portier des Chatham hatte uns die falsche Hausnummer, aber die richtige Straße genannt, Rue des Ourses, glaube ich, aber man schickte uns ein paar Häuser weiter, zu einem langweilig aussehenden Café namens Roland. Dort fragten wir, wie man sich amüsieren könne. *»Montez, messieurs, des petits enfants.«* Oben gab es ein kleines warmes Zimmer mit Tischen und einem Kellner mit einem Gesicht genau wie Lord Swinfen, aber er dürfte es kaum gewesen sein. Wir tranken teuren Champagner – 120 Francs –, und dann kamen unter großem Hallo die *petits enfants,* alle in billiger Verkleidung. Ein Bauernjunge erregte Bills Aufmerksamkeit, und den Rest des Abends plauderten sie miteinander, während die übrige Truppe brüllte und kreischte und tanzte und auf Hintern und Genitalien zeigte. Ein als Ägypterin verkleideter Junge setzte sich neben mich und tat, als verstünde er mein Französisch. Er bewunderte meine karierte Hose und nahm das zum Vorwand, mir in den Schenkel zu kneifen, und dann umarmte er mich einfach so und fing an, mich zu küssen. Er sei neunzehn, sagte er, und schon vier Jahre in dem Haus. Ich fand ihn attraktiv, hatte aber bessere Verwendung für die 300 Francs, die der Patron, ein überaus sympathischer junger Mann im Frack, für sein Vergnügen verlangte. Bill, ziemlich betrunken, begann eine lautstarke Debatte in grauenhaftem Französisch über den Preis seines Bauernjungen. Ich arrangierte ein Tableau, wonach ein anwesender großer Neger sich mit meinem Knaben amüsieren sollte, doch in letzter Minute, nachdem wir weiter hinaufgestiegen waren und er auf einem schäbigen Diwan auf die Avancen des Negers wartete, erwies sich der Preis als viel zu hoch, und weil ich keine Lust hatte, Bills nicht endenwollenden Streit mit dem Patron länger mit anzuhören, nahm ich ein Taxi nach Hause und ging sittsam zu Bett. Ich muß es wohl nicht bedauern.

1942 *Max Beckmann, Amsterdam*

Zwei farbige Apokalypsen fertig gemacht. Nun aber genug, verdammt noch mal. – Fürchterliche Klopferei im Nebenhaus – daher déprimé –

1955 *Harold Nicolson, Sissinghurst*

Der *Sunday Express* fragt telefonisch an, was mein Hauptwunsch für 1956 sei. Ich antwortete: »Nicht vom *Sunday Express* angerufen zu werden, wenn ich zu tun habe.«

1837 *Søren Kierkegaard, Kopenhagen*

Ich saß neulich in einer wunderlichen, in mich selbst versunkenen (wie einer alten Ruine zumute sein muß) und dadurch mich selbst und mein Ich verlierenden Stimmung, in einer pantheistischen Aufgelöstheit und las eine alte Volksweise, worin es von einem Mädchen heißt, daß sie ihren Geliebten erwartete an einem Samstagabend; aber er kam nicht – und sie ging zu Bett »und weinte so bitterlich«. Plötzlich weitete sich die Szene aus für mich – ich sah die jütländische Heide in ihrer unbeschreiblichen Einsamkeit und mit ihren einzelnen Lärchen – und nun stand für mich die eine Generation nach der andern auf, und ihre Mädchen sangen alle für mich und weinten so bitterlich und sanken wieder in ihr Grab, und ich weinte selber mit. Sonderbar genug, meine Phantasie arbeitet am besten, wenn ich allein in einer großen Gesellschaft sitze, wenn Lärm und Geräusch ihr ein Willenssubstrat gibt, um ihren Gegenstand festzuhalten; ohne diese Umgebung verblutet sie sich in der ermattenden Umarmung einer unbestimmten Idee.

1950 *Gottfried Benn, Berlin*

Ich sitze gerne abends im Restaurant, es steigen soviele Geräusche, Gesten, Krampfadern, Ringe, Küsse um einen auf, daß die Welt reich u. eigentümlich wird.

1983 *Walter Kempowski, Nartum*

Ich kriegte im Turm plötzlich einen Lachanfall von neun Minuten Länge: Daß alles so gekommen ist.

Ich rase mein Leben zu Ende.

31. Dezember

1664 *Samuel Pepys, London*

Zu Hause eine Kleinigkeit gegessen und zu Bett. Zuvor hatte ich, als die Uhr eins schlug, meiner Frau am Herd einen Kuß gegeben, ihr ein frohes neues Jahr gewünscht und scherzhaft hinzugefügt, ihr bestimmt als erster zum neuen Jahr gratuliert zu haben, da ich um Punkt eins bei ihr war.

1777 *Johann Wolfgang Goethe, Weimar*

Conseil. Geld von Merck. Abends zu Hause. Aufgeräumt das alte Jahr.

1954 *Alice Schmidt, Kastel*

Drinnen legt Arno Karten (sah erst nach v. vorigen Jahr: Da ist doch tatsächlich die Berlin-Reise, an die doch im Winter damals gar nicht zu denken war, eingetroffen!) Und fürs kommende Jahr sagen die Blätter aus: Im 1. ¼ Jahr: eine große Reise, die auch etwas Geld bringt; Ärger wegen der Wohnung, der sich aber in großes Glück auflöst; 2. ¼ Jahr: bedeutungslos mit kleineren Einnahmen. 3. ¼ Jahr: dto; gegen Ende des Jahres große Gelder, Jahr schließt aber mit großem Unglück; Karten werden erneut befragt, obs uns betrifft. (Todesfall?) anscheinend aber im Osten und ein älterer Mann; weiteres: ich viel Ärger der Geld kosten wird; A: Geldsumme im Anfang, etwas Ärger, zum Schluß unerhörtes Glück. Allgemein: großes Glück. – – Na schön, Glück, dann komm man!

1957 *Susan Sontag, Paris*

Ich denke hier an das, was ich heute (als ich zum Boulevard Saint Germain 122 gegangen bin, um nach ihrer Post zu schauen) in Harriets Tagebuch über mich gelesen habe – diese knappe, ungerechte, lieblose Einschätzung von mir, die damit endet, daß sie sagt, sie möge mich eigentlich nicht, aber meine Leidenschaft für sie sei angenehm und opportun. Das tut weiß Gott weh, ich bin empört und fühle mich gedemütigt. Wir wissen nur selten, was andere über uns denken (oder vielmehr, was sie über uns zu denken meinen)… Habe ich ein schlechtes Gewissen, weil ich gelesen habe, was nicht für meine Augen bestimmt war? Nein. Eine der wichtigsten (sozialen) Funktionen eines Tagebuchs besteht genau darin, heimlich von anderen Leuten gelesen zu werden, von den Leuten (wie Eltern + Geliebte), über die man sich nur in seinem Tagebuch mit grausamer Ehrlichkeit geäußert hat. Ob Harriet das hier je lesen wird?

1969 *Martin Walser, Nußdorf*

Schöne Zahlen gewesen, schöne Zahlen. So ein Druck, nächstes Jahr am 31.12. vergleichen, so bedrückt und unruhig, so schwer und unfähig, ruhig zu sein.

1972 *Karl Ignaz Hennetmair, Ohlsdorf*

Als wir um 21 Uhr 40 zu Omi ins Wohnzimmer wechselten, um *Zum blauen Bock* zu sehen, stellte ich vier Sektgläser bereit, denn es war nun jederzeit damit zu rechnen, daß Thomas [Bernhard] heimfährt. Um Punkt 22 Uhr erhob sich Thomas. Er sagte, er werde jetzt gleich ins Bett gehen, vor dem Wegfahren habe er das Bett schon zurückgeschlagen, damit es sich erwärmen kann. Aus einer winzigen jugoslawischen Sektflasche mit 0,2 Liter Inhalt schenkte ich nun ein, so daß auf jedes Glas nur $^1/_{20}$ Liter Sekt kam. Das war eine Spur weniger Flüssigkeit als ein großer Kognak. Wir stießen auf das neue Jahr an. Mit einem Seitenblick auf den Fernseher sagte Thomas sehr erfreut, daß wir denen da um zwei Stunden voraus sind. Er war begeistert von der Idee, so eine kleine Menge einzuschenken, und wir waren alle sehr stolz, daß wir den Abend gänzlich alkoholfrei verbrachten. Durch das Anstoßen wurde die Unterhaltung neu entzündet, und so war es genau 22 Uhr 30, als Thomas wegfuhr. Rundherum krachten schon die Böller, als ich Thomas zum Wagen begleitete. Thomas ließ einen Furz und sagte: Jetzt fahr ich wie ein Knallfrosch nach Hause.

1986 *Andy Warhol, New York*

Steven Greenberg gab seine Silvesterparty im »River Café« in Brooklyn. Smoking war verlangt, doch ich trug nur meinen lausigen Schal. Wir gingen um 11.55 aus dem Haus und fuhren über die Brooklyn Bridge. Das war der lustigste Teil des Abends. Paige stiftete unseren Fahrer Harold an, noch lauter zu hupen, und stieß schrille Pfiffe aus. Wir hatten die Brücke gerade hinter uns, da ging das Feuerwerk los …

Kam gegen 4.00 nach Hause und ging mit den Hunden spazieren. Es war blöd, so lange aufzubleiben, nur weil Silvester war.

Editorische Notiz

Der vorliegende Band vereint die Einträge zum Monat Dezember aus *Das Buch der Tagebücher*, ausgewählt von Rainer Wieland, das im September 2010 im Piper Verlag erschienen ist. Orthographie und Zeichensetzung der ausgewählten Tagebucheinträge folgen in der Regel den jeweiligen Vorlagen. Gelegentlich wurden aus Gründen der besseren Lesbarkeit Schreibweisen und Zeichensetzung korrigiert und Abkürzungen aufgelöst. Einige Einträge sind gekürzt wiedergegeben. Titel erscheinen durchgängig kursiv, Ergänzungen des Herausgebers in eckigen Klammern. Alle hier versammelten Tagebücher liegen veröffentlicht vor; in vielen Fällen allerdings nur noch antiquarisch erhältlich oder in Bibliotheken einsehbar (das Gedächtnis der Verlage wird zusehends kürzer). Auszüge aus fremdsprachigen Tagebüchern, die bislang nicht übersetzt vorliegen, sind für *Das Buch der Tagebücher* erstmals ins Deutsche übertragen worden.

Zum Herausgeber

Rainer Wieland, geboren 1968 in Weißenburg in Bayern, veröffentlichte zahlreiche Bücher und Anthologien. Unter der Herausgeberschaft von Hans Magnus Enzensberger arbeitete er viele Jahre als Lektor der renommierten ANDEREN BIBLIOTHEK, in der auch seine ebenso kurzweilige wie einsichtsreiche Auswahl aus Diderots berühmter Enzyklopädie *Die Welt der Encyclopédie* erschien. Heute lebt er als freier Lektor, Herausgeber und Autor in Berlin.

Die Tagebuchautoren

Theodor W. Adorno (*11. September 1903; †6. August 1969)
Mit 36 Jahren begann der deutsche Philosoph damit, seine Träume aufzuzeichnen. Ihn faszinierte ihre Rätselhaftigkeit und poetische Dimension.

Airen (*1981)
Der Schriftsteller und Blogger, der unter dem Pseudonym Airen bekannt wurde, berichtet seit 2004 in einem Weblog regelmäßig über das Berliner Nachtleben.

Hans Christian Andersen (*2. April 1805; †4. August 1875)
Der berühmte dänische Märchenerzähler führte über ein halbes Jahrhundert Tagebuch. Großen Raum nehmen seine Hypochondrie und Phobien ein, die ihn lebenslang verfolgten.

Max Beckmann (*12. Februar 1884; †27. Dezember 1950)
Ab 1937 lebte der Künstler und Autor mit seiner Frau Quappi in Amsterdam im Exil und sah sich gezwungen viele seiner Tagebücher zu verbrennen. 1947 wanderte er in die USA aus.

Gottfried Benn (*2. Mai 1886; †7. Juli 1956)
»Nulla dies sine linea!«, war die Devise des deutschen Schriftstellers. Nach seinem Tode hinterließ er zahlreiche Notizbücher, Arbeitshefte und Tageskalender.

Léon Bloy (*11. Juli 1846; †3. November 1917)
Das Leben des Boheme-Autors war gezeichnet von wüster Verzweiflung, bitterem Hass und extremer Armut. In der Pariser Banlieue erwartete er Tagebuch schreibend die Apokalypse.

James Boswell (*29. Oktober 1740; †19. Mai 1795)
»Ich habe den seltsamen Wunsch«, gestand der Jurist einmal Rousseau, »nichts, was mich selbst betrifft, geheimzuhalten.« Diesen Wunsch hat er in seinen Journalen eingelöst.

Paul Bowles (*30. Dezember 1910; †18. November 1999)
Sein Haus in Tanger, Marokko, wurde zum Anzugspunkt für Autoren wie Burroughs, Kerouac und Capote. Sein Tagebuch wurde unter dem Titel *Tanger* posthum veröffentlicht.

Volker Braun (*7. Mai 1939)
Das 1977 beginnende *Arbeitsbuch* des Autors ist nicht nur ein faszinierendes Protokoll seiner Künstlerexistenz, sondern auch die Diagnose eines untergehenden Gesellschaftssystems.

Bertolt Brecht (*10. Februar 1898; †14. August 1956)
Brechts *Arbeitsjournale* aus der Exilzeit verknüpfen Persönlich-Privates mit Historisch-Gesellschaftlichem, sie enthalten eingeklebte Fotografien, Artikel und andere Zeitdokumente.

Richard Burton (*10. November 1925; †5. August 1984)
Für sein Luxusleben und die turbulente Ehe mit Elizabeth Taylor bekannt, enthalten seine Diarien auch intime Erinnerungen an sein Leben als zwölftes Kind eines armen Bergmanns.

George Gordon Lord Byron (*22. Januar 1788; †19. April 1824)
Der britische Dichter führte sein abenteuerliches Leben zwischen europäischen Metropolen, Freiheitskämpfen und der Poesie. Dabei notierte er jede Gefühlsregung in seinem Tagebuch.

Albert Camus (*7. November 1913; †4. Januar 1960)
Welt, Schmerz, Erde, Mutter, Menschen, Wüste, Ehre, Elend, Sommer und Meer – das waren Camus wichtigste Worte im Leben. In seinen Tagebüchern nehmen sie eine zentrale Rolle ein.

Jean Cocteau (*5. Juli 1889; †11. Oktober 1963)
Das Diarium des außergewöhnlichen Universalgenies aus Frankreich ist eine höchst unterhaltsame Mischung aus Alltagsbeschreibungen, künstlerischen Reflexionen und Sottisen.

Charles Darwin (*12. Februar 1809; †19. April 1882)
Der Wissenschaftler führte parallel ein geologisches, zoologisches und eigentliches Reisetagebuch, während er fünf Jahre lang mit der »Beagle« auf Forschungsreisen segelte.

Heimito von Doderer (*5. September 1896; †23. Dezember 1966)
»Schreibe, als ob du allein im Universum wärest.« Diesem Postulat

ging der österreichische Schriftsteller konzentriert nach und veröffentlichte noch zu Lebzeiten seine *Tangenten*.

Joseph von Eichendorff (*10. März 1788; †26. November 1857)
Pro memoria überschrieb der junge Joseph die Einträge in seinem Tagebuch, das er mit elf Jahren zu führen begann und bis zu seiner Freundschaft mit dem Ehepaar Schlegel fortsetzte.

Joschka Fischer (*12. April 1948)
Als Umweltminister in der ersten rot-grünen Koalition schrieb der Politiker regelmäßig seine persönlichen Erlebnisse nieder. 1987 veröffentlichte der *Spiegel* Auszüge daraus.

Anne Frank (*12. Juni 1929; †Anfang März 1945)
Es ist das berühmteste und meistgelesene Tagebuch der Welt: die Erinnerungen der deutschen Jüdin aus einem Amsterdamer Hinterhaus, wo sie sich mit ihrer Familie versteckt hielt.

Max Frisch (*15. Mai 1911; †4. April 1991)
Die Tagebuchform, erklärte der Schriftsteller einst, sei die einzige ihm entsprechende Prosaform. Sein vielseitiges Diarium liest sich daher auch wie ein literarisches Kunstwerk.

André Gide (*22. November 1869; †19. Februar 1951)
Das Tagebuch des französischen Autors umfasst einen weiten Zeitraum. Es ist das Vermächtnis eines, wie Thomas Mann ihn charakterisierte, »Bekenners und Moralisten von Geblüt«.

Joseph Goebbels (*29. Oktober 1897; †1. Mai 1945)
Nach Goebbels' Selbstmord galten seine Tagebuchmanuskripte als verschollen, fanden sich jedoch 1992 in einem Archiv in Moskau wieder, vom NS-Politiker auf Glasplatten kopiert.

Johann Wolfgang Goethe (*28. August 1749; †22. März 1832)
Für sein Tagebuch wollte das vielbeschäftigte Universalgenie nicht übermäßigen Aufwand betreiben. Daher berichtete er im Chronikstil und verwendete oft Symbole statt Namen.

Edmond (*26. Mai 1822; †16. Juli 1896) und
Jules de Goncourt (*17. Dezember 1830; †20. Juni 1870)
Das Brüderpaar Goncourt galt als unzertrennlich und führte sogar gemeinsam Tagebuch.

Julien Green (*6. September 1900; †13. August 1998)
Sein Leben umspannt fast das ganze 20. Jahrhundert, somit ist sein Tagebuch auch eines der umfangreichsten publizierten Tagebücher überhaupt, wie auch eines der besten des Genres.

Friedrich Hebbel (*18. März 1813; †13. Dezember 1863)
»Reflexionen über Welt, Leben und Bücher, aber hauptsächlich über mich selbst«: So ist der Titel des 1800 Seiten umfassenden anarchischen Tagebuchwerks des deutschen Dramatikers.

Karl Ignaz Hennetmair (*1920)
Der Immobilienmakler und Ferkelzüchter war ein enger Vertrauter Thomas Bernhards. Ein Jahr lang führte er ohne das Wissen des Schriftstellers über ihre Begegnungen Tagebuch.

Wilhelm von Humboldt (*22. Juni 1767; †8. April 1835)
Der Wissenschaftler und Reformer schrieb auf seinen zahlreichen Reisen nach Paris nicht nur seine persönlichen, sondern auch die historischen Ereignisse nieder. Ein Zeitdokument.

Christopher Isherwood (*26. August 1904; †4. Januar 1986)
Der britisch-amerikanische Schriftsteller und Drehbuchautor stand in Kalifornien im engen Kontakt mit der deutschen Exilgemeinde, und kannte auch Thomas Mann und Bert Brecht.

Franz Kafka (*3. Juli 1883; †3. Juni 1924)
»Wie komisch kann dieser Dulder sein.«, schrieb Thomas Mann über Kafkas Tagebücher.

Walter Kempowski (*29. April 1929; †5. Oktober 2007)
Seit seinem einzigartigen Archiv privater Lebenszeugnisse des Zweiten Weltkriegs, das als *Echolot* publiziert wurde, wird der Schriftsteller der »Herr der Tagebücher« genannt.

Imre Kertész (*9. November 1929)
»Jeder Künstler ist heutzutage auf die Galeere seiner Zeit verfrachtet.« Camus' Satz prägte das existenzielle *Galeerentagebuch* des jüdisch-ungarischen Schriftstellers spürbar.

Harry Graf Kessler (*23. Mai 1868; †30. November 1937)
Der Mäzen, Weltreisende, Diplomat, Politiker, Essayist und

Dandy lief sämtlichen historischen Berühmtheiten seiner Zeit über den Weg – und studierte sie dann in seinem Tagebuch.

Søren Kierkegaard (*5. Mai 1813; †11. November 1855)
Das über 5000 Seiten umfassende Tagebuch des dänischen Philosophen ist das eines »reflexionshungrigen« Menschen, voller messerscharfer Gedanken und Aphorismen.

Paul Klee (*18. Dezember 1879; †29. Juni 1940)
Lange schwankte der Künstler zwischen seinen beiden großen Begabungen: der Musik und der Malerei. In seinem Tagebuch lässt sich Klees schöpferischer Weg nachvollziehen.

Jochen Klepper (*22. März 1903; †11. Dezember 1942)
Als ehemaliges SPD-Mitglied und Ehemann einer Jüdin war der Journalist zeitlebens der Verfolgung ausgesetzt und nahm sich schließlich mit seiner Frau und Tochter das Leben.

Werner Kraft (*4. Mai 1896; †14. Juni 1991)
Der jüdische Literat Werner Kraft emigrierte mit der Machtübernahme der Nationalsozialisten nach Jerusalem und begegnete dort der Autorin Else Lasker-Schüler, seiner Lebensmuse.

Helmut Krausser (*11. Juli 1964)
Sie lesen sich wie eine Bestandsaufnahme der neunziger Jahre des vergangenen Jahrhunderts: die zwölf Jahre lang regelmäßig publizierten Tagebücher des Schriftstellers Helmut Krausser.

Paul Léautaud (*18. Januar 1872; †22. Februar 1956)
Er war einer der bissigsten Chronisten des literarischen Frankreichs und ein großer Misanthrop. Sein *Literarisches Tagebuch* umfasst in gedruckter Form über 8000 Seiten.

Giacomo Leopardi (*29. Juni 1798; †14. Juni 1837)
Er war einer der radikalsten Denker des 19. Jahrhunderts. Sein Hauptwerk trägt den Namen *Zibaldone* (»Sammelsurium«), ein immenses Tagebuch mit einem Umfang von 4500 Seiten.

Alma Mahler-Werfel (*31. August 1879; †11. Dezember 1964)
Als Frau und Muse Gustav Mahlers, Walter Gropius', Franz Werfels und Oskar Kokoschkas war sie allseits bekannt. Ihr Tagebuch zeichnet ein Sittenbild des Wiener Jugendstils.

Klaus Mann (*18. November 1906; †21. Mai 1949)
Die Tagebücher des Autors enthalten die letzten 18 Lebensjahre des Schriftstellers: vom Vorabend der NS-Zeit bis zu seiner Emigration in die USA. Ein Leben in Isolation.

Thomas Mann (*6. Juni 1875; †12. August 1955)
»Without literary value, but not to be opened by anybody before 20 years after my death«, notierte der Autor auf die Kisten mit seinen Tagebüchern. Den Rest verbrannte er im Garten.

Katherine Mansfield (*14. Oktober 1888; †9. Januar 1923)
Die neuseeländische Autorin gilt als Meisterin der Kurzgeschichte und als große Diaristin.

Robert Musil (*6. November 1880; †15. April 1942)
Das Tagebuch sei die »bequemste, zuchtloseste Form« des Schreibens, notierte der große Dichter und hinterließ zum Beweis eine reichhaltige Sammlung von Kladden.

Harold Nicolson (*21. November 1886; †1. Mai 1968)
Die Tagebücher des britischen Diplomaten und Ehemannes von Vita Sackville-West zeichnen sich durch eine unbestechliche Beobachtungsgabe, Humor und Menschenkenntnis aus.

Cesare Pavese (*9. September 1908; †27. August 1950)
I Mestiere di Vivere – Das Handwerk des Lebens betitelte Pavese sein Tagebuch, das er begann, als er für seine antifaschistische Haltung nach Kalabrien verbannt wurde.

Samuel Pepys (*23. Februar 1633; †26. Mai 1703)
Es ist wohl das bedeutendste Tagebuchwerk des 17. Jahrhunderts: Über zehn Jahre hinweg zeichnete der Marinebeamte in rückhaltloser Offenheit sein Leben auf.

August Graf von Platen-Hallermünde (*24. Oktober 1796; †5. Dezember 1835)
»Er suchte Adonis, ohne ihn zu finden«, schrieb Klabund über ihn. In von Platens Tagebüchern offenbart sich ein unglücklich Liebender, der an seiner Zeit zugrunde ging.

Sylvia Plath (*27. Oktober 1932; †11. Februar 1963)
Sylvia Plaths Tagebücher sind das Zeugnis der Identitätssuche

einer Schriftstellerin, der das Schreiben eine Lebensnotwendigkeit war, bevor sie in ihrer Depression Selbstmord beging.

Liane de Pougy (*2. Juli 1869; †26. Dezember 1950)
Im Paris der Belle Epoque war die Tänzerin, Pantomime und Kurtisane Liane de Pougy ein gefeierter Star. Ihr Tagebuch beginnt 1919 und bricht ab, als sie ins Kloster geht.

John Rabe (*23. November 1882; †5. Januar 1950)
»Der gute Deutsche von Nanking«, so nennt man ihn bis heute in China, nachdem er im Winter 1937/38 rund 250000 Chinesen vor den Massakern der japanischen Besatzer rettete.

Wilhelm Reich (*24. März 1897; †3. November 1957)
Der Freud-Schüler und Psychoanalytiker, Sexualforscher und Soziologe war eine der schillerndsten Persönlichkeiten seiner Zeit. 1994 wurden seine Tagebücher publiziert.

Franziska Gräfin zu Reventlow (*18. Mai 1871; †26. Juli 1918)
Mit 22 Jahren kehrte sie ihrer adeligen Familie den Rücken und tauchte in die Boheme-Welt Münchens ein. Von ihrem Schwabinger Leben als Mutter und Autorin berichten ihre Diarien.

Thomas Rosenlöcher (*29. Juli 1947)
Sein Tagebuch von 1989, das der Schriftsteller unter dem Titel *Die verkauften Pflastersteine* publizierte, ist eine Chronik der mit dieser Zeit verbundenen Hoffnungen und Illusionen.

Peter Rühmkorf (*25. Oktober 1929; †8. Juni 2008)
Mit gespitztem Rotstift schrieb der Schriftsteller Tagebuch und veröffentlichte davon zwei politisch wichtige Bände: die Zeit der Revolution von '68 und die des Zerfalls von '89.

Einar Schleef (*17. Januar 1944; †21. Juli 2001)
Als Monomane des Theaters bleibt er in Erinnerung, und monoman war er auch in der Selbstbeschreibung. Das Tagebuch zeichnet sein Leben in der DDR und seine Flucht nach.

Alice Schmidt (*24. Juni 1916; †1. August 1983)
Sie war dem Schriftsteller Assistentin, Sekretärin, Seelenvertraute und Hausfrau in einem, und führte dabei regelmäßig Tagebuch, das zu einem Lebensdokument wurde.

Jochen Schmidt (*9. November 1970)
2006 begann der Autor einen Selbstversuch: Jeden Tag las er ein paar Seiten Proust und hielt seine Eindrücke in einem Internet-Tagebuch fest. Eine Studie über den Einfluss der Literatur.

Arthur Schnitzler (*15. Mai 1862; †21. Oktober 1931)
Das Tagebuch war ihm »holder Spucknapf meiner Stimmungen und Verstimmungen«, in ihm vermerkte er sein ganzes Dasein: Affären, Träume und gesellschaftliche Charakterskizzen.

Susan Sontag (*16. Januar 1933; †28. Dezember 2004)
Das Tagebuch der amerikanischen Kritikerin und Schriftstellerin ist ein Dokument des Lebenshungers und der Wissbegierde und damit ein Protokoll ihres intellektuellen Werdegangs.

Stephen Spender (*28. Februar 1909; †16. Juli 1995)
1945 kam der britische Kulturoffizier nach Deutschland, um für die Militärbehörde Interviews mit deutschen Intellektuellen zu führen. Daraus entstand das »Deutsche Tagebuch 1945«.

Hildegard von Spitzemberg (*20. Januar 1843; †30. Januar 1914)
Sie war die große Salonière Berlins und eng verbunden mit dem Reichskanzler Bismarck, der sie »Higachen« rief. Ihr Tagebuch weist sie zudem als kluge politische Beobachterin aus.

Thea Sternheim (*25. November 1883; †5. Juli 1971)
Das Tagebuch dieser schillernden Frau ist, wie Fritz J. Raddatz bemerkte, ein »einmaliges Zeugnis eines Jahrhunderts, seiner Größe, seines Größenwahns, seiner Niedrigkeit«.

Henry David Thoreau (*12. Juli 1817; †6. Mai 1862)
Über zwei Jahre verbrachte der amerikanische Landvermesser in einer selbstgebauten Blockhütte am Waldensee bei Concord, um seine Erfahrungen mit der Natur aufzuzeichnen.

Sofia Tolstaja (*3. September 1844; †4. November 1919)
Von ihrer entbehrungsreichen Zeit an der Seite ihres berühmten Mannes Leo Tolstoi legen ihre Tagebücher Zeugnis ab. Sie brachte 13 Kinder zur Welt und sorgte um die ganze Familie.

Leo Tolstoi (*9. September 1828; †20. November 1910)
»Sie sind mein Ich«, schrieb Tolstoi über seine Tagebücher. Sie

dienten ihm der Selbstverständigung und Reflexion. Seine Familie und Freunde waren zum Mitlesen eingeladen.

Cosima Wagner (*24. Dezember 1837; †1. April 1930)
Ihr Tagebuch, das sie von 1869 an bis zum Tod ihres Manns 1883 führte, ist ein minutiöses Protokoll ihres Zusammenlebens mit dem berühmten Komponisten Richard Wagner.

Wilhelm Waiblinger (*21. November 1804; †17. Januar 1830)
Mit »trunkener Feder« geschrieben, erzählen die Tagebücher des genialischen Schriftstellers vom erotischen und literarischen Aufbegehren eines zeittypischen Stürmers und Drängers.

Martin Walser (*24. März 1927)
»Was ich ins Tagebuch schreibe, ist prinzipiell unverbesserlich«, erklärte der Autor. Seine Aufzeichnungen der Jahre 1951 bis 1978 liegen bereits in Buchform vor.

Andy Warhol (*6. August 1928; †22. Februar 1987)
Die letzten 12 Jahre seines Lebens führte Andy Warhol Tagebuch per Telefon, indem er seiner Mitarbeiterin seine Tageserlebnisse diktierte. Daraus wurde ein großes Selbstporträt.

Evelyn Waugh (*28. Oktober 1903; †10. April 1966)
Über fünfzig Lebensjahre umspannt sein Tagebuch. Der Schriftsteller zeigt sich darin im Umgang mit sich selbst ebenso schonungslos wie im Umgang mit seinen Mitmenschen.